八國聯軍統帥

瓦德西拳亂筆記

Alfred Graf von Waldersee原著　王光祈譯　蔡登山主編

譯者王光祈和他的著作

蔡登山

王光祈是「五四」時期的人物，他是「少年中國學會」的領銜人物。他是一個社會運動家，他是一個新聞記者，學者郭梵農更認為「他是一位史學工作者，因為他譯著了一批極具史學價值的叢書，對歷史的研究和寫作，有一套深沉的工夫和獨具慧眼的看法；最後，也是最重要的，他是一個音樂思想家。直到他客死在萊茵河畔的波昂城，他仍集注精力於中西樂理與音樂史的綜合研究，可以說是盡瘁於一個音樂思想家的崗位。」只是他在德國苦學十六年，他的光輝成就，經歷了大半世紀，卻逐漸地為人所遺忘！

王光祈（一八九二－一九三六），四川溫江縣人，字潤璵，亦字若愚。祖父王澤山是名詩人，父親王茂生也是讀書種子，但在窮愁潦倒中去世，去世後三個月王光祈才出生。孤兒寡母靠菲薄的收入和親友的資助，才勉強過活。八歲時，王光祈為鄰家牧牛，在母親教導下，已讀完《三字經》，《百家姓》，《唐詩三百首》等啟蒙書籍。一九〇七年趙爾巽任四川總督，因當年曾受教於王光祈的祖父，為感念師恩，乃將王光祈母子接至成都，在他的資助下，王光祈進入成都第一高等小學堂就讀。次年考入成都高等學堂分設中學丙班。與魏嗣鑾（時珍），郭沫若、李劼人、周太玄、蒙文通、曾琦（慕韓）等先後同班。彼皆一時之彥，因而學問日新月進，大具根底，為校長漢學家劉士志所器重。

一九一四年春末，王光祈走出古稱天險的蜀國，到上海晤魏嗣鑾後，輾轉到北京，在趙爾巽的幫助下，任清史館書記員。同年秋，考入中國大學法律科。在一九一七年王光祈與曾慕韓的書信上就提到：「我們皆在青年求學時期，救國最好在早做基礎的準備工夫，而準備工夫不外兩事：一為人才，二為辦法。但人才已不能求之已成勢力中，則應早日集結有志趣的青年同志，互相切磋，經過歷練，成為各樣專門人才，始足以言救國與建國的種種實際問題的解決。」那時，共結社團以救中國的意圖便已在漸漸成形了。一九一八年六月三十日王光祈、周太玄、陳愚生、張夢九、曾慕韓、雷眉生、李守常七人在北京南橫街嶽雲別墅的會議中，決議發起「少年中國學會」，他們七人成了原始發起人了。直到一九一九年七月一日正式召開學會成立會止，這一年中，學會的宣言、宗旨、信條以及規章，幾乎都由王光祈一人創一起草。其宗旨是：「振作少年精神，研究真實學問，發展社會事業，轉移末世風俗」，其信條是：「奮鬥，實踐，堅忍，儉樸。」，其第一條規章是：「本學會本科學的精神，為社會的活動，以創造少年中國為宗旨。」。

「少年中國學會」模仿義大利革命家馬志尼在西方創造「少年義大利」，是中國早年的一個重要的全國性組織。他們秉持著一股愛國救國的熱情而凝聚在一起，為挽救中國於列強環伺、國力虛弱的危亡處境中。其理想是創造一個永不老大的「少年中國」。其會員雖然不多，卻遍及海內外，北京、南京、濟南、天津皆是其活動範圍，甚至有巴黎分會，而東南亞的華僑也是學會刊物的重要讀者。「少年中國學會」出版很多刊物，有「少年中國」月刊、「少年世界」月刊等等，學者郭梵農認為它提供了「五四」時代思想動態的研究的最富於見證性的材料，其重要性及影響力絕不亞於當時風行一時的《新青年》和《新潮》雜誌。

素懷大志的王光祈，因「少年中國學會」分子與他當時的主張，多背道而馳，無由展其抱負，且由於政局環境的限制，青年活動無法得到正常的發展，驅使一班有志青年，在苦悶、失意之餘，只好再轉向更廣闊的世界，去求發展。王光祈便在這種情況下，隱忍著他對故國的愛戀，於一九二〇年四月一日，以北京《晨報》、上海《申報》、《時事新報》特約通信記者身份，與「少年中國學會」會友魏嗣鑾、陳寶鍔同行，赴歐留學。六月一日，抵德國法蘭克福，王光祈租定郊外寓所，決心在此專心學習德文，數月中，絕不履城市。此時，每晚由魏嗣鑾口譯德文報刊，王光祈筆記整理成文，寄回國內報刊發表，獲取稿費，以維生活。

王光祈赴德之初，原研習經濟。但因德人以音樂創作，著稱於世。一九二二年九月，王光祈由法蘭克福遷居柏林。冬，在柏林隨一德國私人教師學習小提琴和音樂理論。學者郭正昭認為王光祈為了篤踐他「音樂救國」的理論，希望從音樂王國中找出一個「烏托邦」來，以一個三十多歲的人，對中西樂理幾一無所知，完全從基本做起，是多麼艱鉅難能的一件事。直到他逝世，前後有十四年之久，他不但把自己練成一個優異的小提琴家，修成了中國第一個音樂博士（一九三四年六月以論《中國古典歌劇》一文，榮獲波昂大學音樂學博士學位），而且更把自己造成一個最傑出的音樂思想家。一九三六年一月十二日，王光祈患腦溢血客死於德國波昂醫院，年僅四十四歲。

王光祈畢生事業，全在他的著作中。他以英、德文所著論文，凡十八篇，散見於當時德國知名的雜誌及英、義兩國百科全書中。而以中文譯、著諸書，近四十種。可分為四大類：

（一）音樂著述：（A）屬於東方部分者：《中國音樂史》、《中國詩詞曲之輕重律》、《翻譯琴譜之研究》（即中國樂器七弦琴指法之研究）及《中國詩詞曲之輕重律》四種。

（B）屬於西洋部分者：《西洋音樂史大綱》、《西洋音樂與詩歌》、《西洋音樂與戲劇》、《西洋製譜學提要》、《西洋樂器提要》、《對譜音樂》、《各國國歌詳述》、《歐洲音樂進化論》、《西洋歌劇指南》、《西洋名曲解說》、《德國國民學校與唱歌》等十一種。（C）屬於東西音樂之比較者：《東西樂制之研究》及《王光祈音樂論文第一集》二種。

（二）國防叢書：《經濟戰爭與戰爭經濟》、《空防要覽》、《未來將才之陶養》、《德英法戰時稅政》及《國防與潛艇》等五種。

（三）中國近世外交史料：《瓦德西拳亂筆記》、《李鴻章遊俄紀事》、《美國與滿洲問題》、《三國干涉還遼秘聞》、《辛亥革命與列強態度》、《西藏外交文件》、《庫倫條約之始末》等七種。

（四）其他著譯：《西洋美術史入門》、《英德法文讀音之比較》、《德國人之婚姻問題》、《戰後德國之經濟》、《西洋話劇指南》、《德國之工役制度》、《音學》及《王光祈旅德存稿》等八種。

王光祈愛國情殷，雖羈留海外，但他關心中國當時的政治，以一個飽受經濟壓迫的窮學生，終日埋首在德國柏林圖書館，整理翻譯出「中國近世外交史料」七種，為研究中國近代史不可或缺的珍貴史料。晚清以來，列強謀我，鉤心鬥角。其中種種秘辛，以直接與其事者的記述，最為真確。王光祈找到這些德文、英文等一手史料，在異邦窮困的生活中，不顧自己的病體，努力的揮動他的一枝禿筆，日夜譯述。他嘗自語曰：「當余執筆時，腦輒作痛。爰以左手撫頸，右手作字，至痛楚無力，工作始廢。世或譏余譯著不精者，使其知余之生活為何似，將不忍苛責也。」是的，他的苦心孤詣，他的救國情操，終究一以貫之，儘管是在顛沛流離的萊茵河畔亦如是。這套叢書出版後，曾引起蔣介石的重視，特地透過駐德使館，轉詢王光祈，「如願回國，當圖借重」，希望他回國效力，可惜的是他卻猝然病逝。

《李鴻章遊俄紀事》一書係王光祈根據德文本的《維特伯爵回憶錄》中四章有關中俄交涉的內容翻譯整理的。維特伯爵（一八四九－一九一五）為俄國戰前最負時望之大政治家，有「俄國財政界彼得大帝」之稱。當李鴻章赴俄訂約之時，維特伯爵正任財政大臣；俄皇以其熟東方情形之故，特令彼與李氏談判，遂訂中俄密約。絕大部分中國人知道李鴻章、張蔭桓「接受俄國人賄賂」之事，可能是通過王光祈一九二八年翻譯出版的《李鴻章遊俄紀事》。

《美國與滿洲問題》一書係譯自一九二六年版的《德國戰前外交文件彙編》（Die Diplomatischen Akten des Answärtigen Amtes 一八七一－一九一四）中之第三十二冊。按此書所載，多係戰前德國祕密外交文件，並嘗有德皇威廉第二御筆硃批在上，讀之頗可察見戰前國際形勢真相之一斑。在書中王光祈提出的唯有美、蘇兩國能夠制約日本的思想，從戰略上看，是正確的。王光祈在一九三一年就預見到唯有美、蘇兩國可以打敗日本，他不愧是個有戰略眼光的學者。

《瓦德西拳亂筆記》的作者阿爾弗雷德・格拉夫・馮・瓦德西（Alfred Graf Von Waldersee，一八三二－一九〇四），德國人。早年入普魯士邊防炮隊，參加過普法戰爭。後任德國總參謀長，晉陞陸軍元帥。一九〇〇年八月任八國聯軍統帥，十一月抵達北京，指揮侵略軍由津、京出兵，侵犯山海關、保定、正定以及山西境內，鎮壓義和團，脅迫清政府接受議和大綱，擴大列強侵華權益。一九〇一年六月回國。著有《瓦德西回憶錄》三卷，於一九二三年出版。留學德國的王光祈，將《瓦德西回憶錄》中關於其在華任聯軍統帥之第三卷第十二章獨立譯出，名《庚子聯軍統帥瓦德西拳亂筆記》，一九二八年由上海中華書局印行。

《瓦德西拳亂筆記》按時間順序，收有自一九〇〇年八月至一九〇一年十一月期間，瓦德西所寫日記、筆記；給德皇的奏議、函電、報告，以及德皇的諭旨、函電等，記述和反映了八國聯軍在華侵略活動及其內部矛盾、鎮壓義和團運動、脅迫清政府接受議和大綱，以及八國軍隊燒殺搶掠等內容，對了解和研究八國聯軍侵華戰爭與義和團運動有一定的參考價值。

可愛者不可信——也談賽金花瓦德西公案的真相

蔡登山

賽金花真有其人，但她的暴享盛名，卻是完全因為一部小說和兩首長詩而獲取的。一部小說是指曾樸（孟樸）的《孽海花》；兩首長詩是指樊增祥（樊山）的前、後《彩雲曲》。但是不管小說或是詩歌，它們都是文學作品，不等同歷史或傳記，其中自有想像誇張的情節。但世人多昧於事實而不察，而後來據之而演繹的戲劇、電影更是踵事增華、加油添醋，背離事實也就越來越遠了。「可愛者不可信，可信者不可愛」，而其中言之鑿鑿的「賽金花與瓦德西的情史」，更可說是「彌天大謊」。

其實與曾樸同時期的小說家包天笑在〈關於《孽海花》〉（原載《小說月報》第十五期，引自《釧影樓筆記》，一九四一年十二月出版）文中就說：「在《孽海花》一書中，孟樸曾寫過賽金花熱戀瓦德西一段文字，其實並無此事。孟樸也承認沒有這事，不過為後來伴宿儀鑾殿的張本，在隨使德國的時候，留下一條伏線，那也是小說家的慣技。」對此楊雲史（圻）在一九三六年十二月八日給張次溪的信也說：「文人至不足恃，《孽海花》為余表兄所撰，初屬稿時，余曾問賽與瓦帥在柏林私通，兄何知之？孟樸曰：彼兩人實不相識，余因苦於不知其此番（指庚子年事）在北京相遇之由，又不能虛構，因其在柏林確有碧眼情人，我故借來張冠李戴，虛構事蹟，則事有線索，文有來龍，具有可鋪張數回也。言已大笑。」這就是曾樸寫賽金花早年和瓦德西在柏林一段戀情的自供。至於他說賽金花「在柏林有碧眼情人」，也未必真有其事。

包天笑又說：「但是伴宿儀鑾殿，也實在沒有這事，因為中國人當時守舊心理，以為一個漂亮女人，和外國人辦交際，就說是有染了。據賽金花講，那不過是聯軍進京以後，老百姓都關起大門，不賣一些東西給洋軍吃，於他們的軍食上很有影響。於是他們來託我了，我說，這事好辦。你們要不惜小費，不專門揩油，怎麼不好辦呢？當時我就去敲開了老百姓的門，告訴他們，你們要是不賣給洋兵吃，他們就要搶了。現在他們肯多給價，譬如雞蛋，當時不過值兩三分錢一枚，我就給他們一毛錢一枚，老百姓自然都肯拿出來了。雞蛋肯拿出來，別的東西，自然也都拿出來了。」

京劇大師齊如山在〈關於賽金花〉文中說：「在光緒庚子（一九〇〇）辛丑，一年多的時間，我和賽金花，雖然不能說天天見面，但一個星期之中，至少也要碰到一兩次，所以我跟她很熟，她的事情，也頗知一二。」在談到認識賽金花的經過時，他說：「那年前三門外，東至東便門，西至西便門，南至珠市口大街，都歸德國軍隊居住，一次我騎著馬出前門，大遠的看見，由南邊來了三個軍官，一個中國女人，正不知為何人，走近了，三位軍官都很熟，彼此招呼，他們就給指引，此位是洪夫人（案：賽金花曾嫁給洪鈞為「狀元夫人」），我趕緊回答說，知道知道，其實我以前並未見過她，且不知她在北京，但我想著，一定是她，她對我卻非常的顯著親近，並告訴我，她的住址，在石頭胡同，約我前去談談，而且說了兩三次，這是我第一次認識她，過了幾天，恰有一位軍官，跟我打聽她的住址，很想去拜會她，所以我就一同去了，房子並不闊綽，也還齊整，跟我說了很多的話，大致是請我常去，並且說您認識的德國朋友多，只管請這裡來坐，並有兩個十六七歲的姑娘，倒茶裝煙，我當時看看那種情形，並不像使喚丫頭，以為情形不對，詳細一調查，居然是一個妓院的性質，她殷殷的請我去，有兩種意義，一種是她的德國話不夠，請我幫她忙，一種是完全給她拉買賣，後來我又去過一次，方知果然是那麼回事，於是就沒有再去，凡有德國官員求介紹者，永遠請家兄竺山，同他們去，才知道價錢，喝一次茶，是八塊錢，過夜是二十塊錢，此外還有點賞費。」

而丁士源的《梅楞章京筆記》中則記載他帶賽金花入中南海「遊覽」的經過，頗為詳細。據周乾康的資料說，丁士源（一八七八－一九四五），字聞槎，浙江烏鎮人。年輕時在沈亦昌冶坊為徒，得坊主沈和甫舉薦，入上海育才館習英文。畢業於武備學堂，得肅親王善耆相助，留學英國攻讀法律。歷任北京崇文門海關監督、陸軍部軍法司長，武昌起義時任清陸軍大臣蔭昌的副官長。民國成立後，任湖北江漢關監督兼外交特派員，北洋政府時，任段祺瑞的少將侍從官，京綏、京漢兩路局長等職。偽滿期間，出任第一任駐日公使。仕宦三十多年，「不置恆產，一生唯好讀書，接濟家鄉親族。生前曾在烏鎮造六間日式樓房，知名於當地。」著有《梅楞章京筆記》和《世界海軍狀況》兩部專著。學者茅海建在《世界海軍狀況》序中說：「丁士源曾留學英國，後在練兵處任職，赴荷蘭海牙參加過海陸軍事務國際會議，熟諳英、美、法、德、日、俄、意、奧等二十餘國海軍狀況，此書論述列強海軍種種問題，是較早親自掌握情況，放眼世界，重視東亞海上力量佈局的著作。」

一九〇〇年八月，八國聯軍進佔北京，殺人無數。後來，聯軍總司令瓦德西元帥委任德軍軍法處長格耳為北京知府（市長），入駐中南海。丁士源是代表中國政府辦理大批死屍掩埋事宜的負責人，由錢塘鍾廣生、瀏陽沈藎協助其工作。《梅楞章京筆記》云：「德國格知府翻譯，係廈門海關三等幫辦葛麟德，嗜好甚多。每至賽金花南妓處吸阿芙蓉，故石頭胡同各妓寮，如有被德兵侵擾者，必告賽轉懇葛麟德寬恕或查辦。是時，丁士源與王文勤之子，日赴賽寓酬應。賽曰：『葛大人，吾等空相識月餘，前懇君攜赴南海遊覽。君雖口諾，而終未見諸實行』葛曰：『瓦德西大帥於南海紫光閣辦事，軍令森嚴。吾輩小翻譯不能帶婦女入內』語至此，葛遂詢丁曰：『聞閣下曾入內謁瓦帥數次，昨日又謁參謀長，為辦理掩埋善事，閣下或能攜彼入觀』丁曰：『可。惟賽花必須男裝』賽聞之大喜，遂昵丁進行。丁曰：『余須先觀汝男裝有否漏洞，然後再定』賽遂散髮編辮，頭戴四塊皮帽，擦去脂粉，著一灰鼠袍，金絲絨馬褂。裝竟，丁、王兩人，覺其頗似一青年男子。乃曰：『裝似矣，蓮步將如何』丁、王乃慫恿賽購緞子快靴一雙，以飾其蓮翹。賽遂命窯伙即往買靴前來，用絨布兩大塊分包兩足。穿靴後，試行步履，頗覺自然。丁謂賽如能騎馬，即可作為跟人帶入。賽異常高興，即請試乘丁、王兩人帶來之跟馬。於是葛、賽、丁、王四人乃分乘四馬遊行石頭胡同，覺並無破綻。遂約於翌晨十時同往，賽即留丁、王、葛三人同宿彼處。次晨，起床，葛回打磨廠辦公處。丁、王乃攜馬夫及賽由丁在前分乘四騎出石頭胡同，經觀音寺，越前門至景山三座門。守門美兵，詢丁曰：『何處去？』丁對以謁瓦元帥。美兵即任四騎入門。經團城時，法國水兵守門者，又詢以何處去？丁對如前。法兵亦任之入。過金鰲玉蝀橋時，賽於第三騎大呼曰：『好景緻，好看』丁曰：『勿聲』迨至南海大門告守門德兵以謁瓦帥。兵曰：『今晨瓦元帥已行外出』丁曰：『參謀長在否？』兵謂亦與瓦元帥同出。因之不克入內。及退歸賽寓，已鐘鳴一下。午餐後，丁、王分別返寓。」

而當時住在丁士源家的鍾廣生和沈藎，見丁士源返家很遲，說他必有韻事，丁只好把他將賽金花女扮男裝騎馬同往南海的經過，一一向他們說明。他們各自回到房間，鍾、沈兩人各戲寫一篇短文，一寄上海《遊戲報》主筆李伯元，一寄《新聞報》張主筆，說賽金花被召入紫光閣，和瓦德西如何如何，繪聲繪影，活靈活現。而這「瓦賽豔史」，也成就了曾樸的《孽海花》等一系列書的故事來源。而實際「沒見著」的真相，卻一直到了一九四二年《梅楞章京筆記》由滿鐵大連圖書館出版，才首次公布。丁士源在書中說：「妄人又構《孽海花》一書，蜚語傷人，以訛傳訛，實不值識者一笑。」但整個局勢卻已「弄假成真」，成為定局矣。

此次雖沒見著瓦德西，但後來賽金花和德國的軍官混熟了，她還是進了中南海。對此，齊如山在〈關於賽金花〉文中說：「一次同一軍官到南海，……且領著到閣中看看，一進門，便見賽金花同兩個軍官在裡面，我同她說了幾句話，忽見瓦帥由南邊同一軍官走來，與賽在一起的軍官，很露出惝惶之色，商量躲避之法，我便出來，瓦帥見我是一個中國人，問我同行之軍官，我是何人？軍官代答，並說我說極好的德國話，我便對之行一敬禮，瓦帥也很客氣，問往德國去過麼？對以沒有，他問在那兒學的德文，當即告彼（案：齊如山是北京同文館畢業生），又說了幾句話，我就走了。又一次在瀛台，又遇到賽同別的兩位軍官，我跟賽正說話，又遠遠的見瓦帥同站崗的兵說話，這兩位軍官也露出不安之色，其一說，瓦帥不會進來，後瓦帥果然走了。這兩次賽金花都沒敢見瓦帥，所以我測度她沒有見過瓦帥，就是見過，也不過一二次，時間也一定很暫，至於委身瓦帥，那是絕對不會有的。在說那樣高級的長官，也不敢如此胡來，我這話也不是武斷，我所見過與賽金花一起的軍官都是中少尉階級，連上尉階級都沒有。……因此我想老跟一群下級軍官來往的人，不會與最高統帥隨便起坐，且外國的統帥，與中國前些年的統帥不同，中國統帥下邊的副官，都是他的私人，可以隨便給他介紹妓女，外國的副官則絕對不是這樣的情形，當的都是國家的差使，這樣的私事，他決不敢作。中國人認為瓦帥的屬員，可以給他介紹拉攏者，大致是看慣了舊日中國的情形，所以才有這樣的思想。」

齊如山還舉出一個有力的證據來證明賽金花不會和瓦德西有特殊關係，他說，那時候他在北京做些買賣，賽金花也辦些貨物交給德國軍隊的糧台總管，她求齊如山向那個總管翻譯，講些好話，請他照收了。因此假如她的德語講得稍微通順達意，而又是所謂瓦帥的「枕邊人」，那她還不指著那個總管的鼻頭，叱他全部照收如儀嗎？何勞要齊如山幫她關說呢。

一九○一年四月十八日深夜，中南海儀鑾殿失火，瓦德西倉皇從行舍的窗子裡跳出，魏紹昌說他赤身只挾帶了德皇頒給他的「帥笏」。後來穿的軍服靴子都是營中的官佐借給他的。這次大火中，德軍的一名參謀長燒死，儀鑾殿全部燒光。這把大火也為謠言大加其油，因為瓦德西狼狽逃出火場是當時眾所周知的事實，於是好事之徒便把「帥笏」想像為賽金花的肉體，變成瓦德西抱著賽金花穿窗而出了。也許這個繪聲繪色的謠言特別聳人聽聞，當即吸引了不少騷人墨客，紛紛為此吟詩賦詞，清末名士樊樊山所作的《後彩雲曲》，尤負盛名，傳誦一時。其中有「誰知九廟神靈怒，夜半瑤台生紫霧。火馬飛馳過鳳樓，金蛇舕舚燔雞樹。此時錦帳雙鴛鴦，皓軀驚起無襦袴。小家女記入抱時，夜度娘尋鑿壞處。撞破煙樓閃電窗，釜魚籠鳥求生路。一霎秦灰楚炬空，依然別館離宮住。」之句，論者諛之為「詩史」，比之為吳偉業之《圓圓曲》。怎知史實並不如此，樊山作此詩，也不過是憑空想像罷了。寫有《花隨人聖盦摭憶》的黃秋岳就曾問樊山怎見得瓦德西裸體抱賽金花，從火焰中躍窗而出？樊山說：「想當然耳。」齊如山說有次跟樊山談天，他偶問到《後彩雲曲》，樊山趕緊說，遊戲筆墨，不足以登大雅之堂，窺其意，似不欲人再說，大有後悔之意。齊如山認為「儀鑾殿失火，確有其事，但是極小的一件事情，這樣的火，若在別處，實在算不了什麼，大家也就不值得注意了。因為適在瓦帥住所，故當時北京城內就都知道了，再說，這樣高級的統帥，住所內外，整夜都有站崗巡邏之官兵，一經有火，當然就立刻可以發覺，那能等到詩中說的那樣厲害呢。」同時期的詩人冒鶴亭在〈《孽海花》閒話〉也說：「乃儀鑾殿起火，樊雲門作《後彩雲曲》，遂附會瓦德西挾彩雲，裸而出。俗語不實，流為丹青，因是瓦德西回德，頗不容於清議，至發表其剿拳日記，以反證明。彩雲即不與瓦德西接，原不得謂之為貞，但其事則莫須有也。」

又過了三十年後，人老珠黃的賽金花再度「爆紅」。瑜壽（著名報人張慧劍）的《賽金花故事編年》一書中說：「一九三三年（民國二十二年癸酉）賽金花七十歲，在北京。因為此時生活太窮苦，請求北京公安局免收她住屋的房捐大洋八角。有人替她寫了一個呈文，歷述她在庚子八國聯軍時代怎樣救過人，以強調她有免捐的資格。這個呈文，偶然被一個報館記者拿去登報，立刻震動了北京社會，並且傳播到全國各地，賽金花再度成為一個新聞人物了。」那是被北平《小實報》的記者管翼賢發現，立即前往賽家採訪，在報上大加炒作。隨後各方名人絡繹不絕去看她，猶如欣賞出土的古玩；連在上海的「性學博士」張競生都寫信與她談風論月。一時大批「賽金花訪談記」出爐，包括劉半農、商鴻逵師生採訪整理的《賽金花本事》、曾繁的《賽金花外傳》，都是這時期的產物。

但大眾興趣所在，仍然是那一段瓦賽情史。在這件事情上，賽金花本人的敘述顛三倒四，自相矛盾。例如她對劉半農與商鴻逵自述身世時，完全未提及在歐洲是否與瓦德西相識；而在曾繁採訪她之後所寫的《賽金花外傳》中她就明白表示二人是老相識：「他和洪先生是常常來往的。故而我們也很熟識。外界傳說我在八國聯軍入京時才認識瓦德西，那是不對的。」在有些訪談中，賽金花全盤否認「瓦賽情史」：「我同瓦的交情固然很好，但彼此間的關係，確實清清白白；就是平時在一起談話，也非常地守規矩，從無一語涉及過邪淫。」她強調的是她的俠義行徑：八國聯軍在北京城中肆意殺人，她便向瓦德西進言，稱義和團早就逃走，剩下的都是良民，實在太冤枉。瓦德西聽後下令不准濫殺無辜，因此保全了許多北京百姓。奇怪的是，有的時候她又會誇耀瓦德西乃是裙下之臣。如《羅賓漢》的記者遜之採訪她時，她便說：「時瓦德西知余下堂，向余表示愛情，余愛其人英勇，遂與同居三四月之久。」

對此，香港掌故大家高伯雨（林熙）也曾在一九三四年間，多次去北京居仁里看過賽金花，並接濟過她。據高伯雨說，後來她對我也熟絡了，彼此之間不太拘禮，談話也不太過客套了，她才坦白地對我說，她只見過瓦德西一面而已，和他沒有什麼關係。當時高伯雨就指出《申報》的「北平通訊」所載她對記者的談話，其中有該記者問她在宮裡住過幾天，她答在儀鑾殿一共住了四個月，瓦德西走時，要帶她一同往德國，她不肯，他又叫她，宮中的寶物可以隨便要，她也不敢。高伯雨問她，對記者所說的，難道完全是撒謊的嗎？她微微一笑，似是同意，歇了一會才答道：「可不是嗎？」高伯雨問為什麼要這樣呢？她答得頗有道理，她說：「人們大都好奇，報館的人和讀報的人更甚，如果我對他們說真話，他們一定不信，還以為我不肯老實說，我只好胡謅一些來打發他們，滿足他們的好奇心。同時又可以博取人家對我同情，幫幫我忙。像先生您既不是新聞記者，又不是賣文餬口的人，我怎好向您說假話呢？」。賽金花億沒想到後來高伯雨成為掌故大家，也賣文為生數十年，而就在賽金花死後二十多年，他公佈了這段談話。

再有一事，賽金花說八國聯軍攻陷北京沒幾天，她就遇到德國兵來騷擾，她用德國話對付，德兵大為驚奇。接著她談起認識他們的總司令瓦德西，德兵回去報告，第二天瓦德西便派車來接她了。根據史料記載，八國聯軍是在八月十五日攻陷北京的，而據瓦德西所寫的《瓦德西拳亂筆記》（王光祈譯）觀之，瓦德西從德國授命出發，遲至十月十七日才到北京，因此北京攻陷後沒幾天，瓦德西還在往中國的海上，何能相見呢？賽金花的說法是不攻自破，一派胡言的。

另外，徐一士兄弟在《凌霄一士隨筆》中說：「報載賽金花談話，謂克林德之被殺，我國願立碑以紀念之，克妻猶不滿，賴其勸告瓦德西，使向克妻解釋至再，始不復爭。此賽金花與克林德碑之關係也。」賽金花在答覆《申報》記者的訪談說：「李鴻章與各國議和不妥，即因克林德夫人要求太苛，僅僅立一石碑她不答應，我乃從中拉攏，對她說，此碑在中國只有皇帝家能立，平民是不許的。……克林德夫人經我這一說，始慨然允諾。」對此，齊如山提出他的看法，他說：「我相信賽金花沒有見過瓦德西，就是偶爾見過一兩次，她也不敢跟瓦帥談國事，第一她那幾句德國話，就不夠資格，就說她說過，瓦帥有這個權，可以答應這些事情麼？瓦帥確是各國聯軍（也有德海軍陸戰隊）的總司令，但這種總司令，是哪一國的官級高，哪一位就擔任此職，並非因德國公使被害，而德國的權力較大也，所以由天津往北京攻的時候，總司令是英國人，瓦帥到得很晚，到京約一個月之後，德國陸軍才到，才換他為總司令，這種總司令，仍不過只管軍事，至一切國事的交涉，仍須由各國公使秉承各本國政府的意旨進行，或主持，瓦帥怎能有權答應這種請求呢？在庚子那一年，賽金花倒是偶爾在人前表功，她倒是沒有說過求瓦帥，她總是說跪著求過克林德夫人，所以夫人才答應了她，她這話，卻沒有對我說過，她也知道，我知道她的底細，我想她沒有見過克林德夫人，我雖不能斷定，但以理推之，卻是如此，因為她庚子年在北平，不過一個老鴇子的身份，一個公使夫人，怎能接見這樣一個人呢？再說我也常見克林德夫人，總沒碰見過她，……就說，假如賽金花可以求克林德夫人，試問一個公使夫人，有權答應這件事情麼？她丈夫雖然被害，他不過可以要求關於自己的賠償，至於真正國際的事情，萬非她可以主持。」

而曾娶李鴻章兒子李經方（實為李鴻章六弟李昭慶之子，後過繼給李鴻章）的女兒李道清為妻的楊雲史，所作的〈靈飛事蹟〉說李鴻章沒有託賽金花向瓦德西進言的事，他說：「至謂李文忠公躬造娼門求靈飛（案：賽金花），乃得減賠款兩億，而和約且以成。欲證其說，雖辱宗國誣名賢而弗恤，其陋謬違理多類此。」因為當時楊雲史和他的父親楊崇伊父子兩人都在李鴻章幕中，楊雲史說：「當庚子七月，文忠奏調先大夫隨辦和議入都在文忠幕，余則為文忠公長孫婿，父子皆居文忠邸，時侍左右，寧有不知耶。」當可證明。而再退一萬步說，賽金花不能講流利的德語，又怎能在克林德夫人跟前再三解釋立碑為最光榮之事呢？這種解釋之詞，一定要把說詞講得溫和有禮，有條不紊，動聽非常，如此始能打動對方而放棄成見，一般的外交家都還不一定能做到，試問賽金花的德語有此造詣否？

蘇曼殊《焚劍記》裡記述：「庚子之役，（賽金花）與聯軍元帥瓦德斯（西）辦外交，琉璃廠之國粹，賴以保存。……能保護住這個文物地區，不使它遭受搗毀破壞，也應算她作了一樁好事。」林語堂的《京華煙雲》裡也有這樣的話語：「北京總算得救，免除了大規模的殺戮搶劫，秩序逐漸在恢復中，這都有賴於賽金花。」他們的這些說法，難免都受到「傳言」的影響而誇大了賽金花的功勞。其實賽金花的事絕沒有後來文士及詩人所描述的那麼傳奇和誇大。「紅顏禍國」或「紅顏救國」，很多都是文人的想像罷了。「瓦賽情史」也是起諸於小報文人的編造，經小說、詩歌、戲劇、電影的渲染，成了人們津津樂道的話題。而當事者更是順水推舟，揑造誇張所謂口述自傳，於是造成一段讓人信以為真的鐵案，但它終究不過是個「彌天大謊」，這是讀史者不可不辨的。

目次

一九〇〇年

八月初間，與吾馬利亞滯居於Neverstorff。七日方欲由彼處前往Berches gaden。忽奉皇上電旨，任余為東亞高級軍事司令Oberbefehls haber；並諭立刻前赴Wilhelms höhe謁見。聞命之下，一時驚喜惶恐交集。吾妻之賢慧美德，是日又復充分表露。當其御召初來，恰有如霹靂一聲，使伊為之震顫。但一轉瞬間，伊又神色安定，深信上帝必能始終保佑。倘使吾妻相愛之情，猶有再行增進之可能者，則此短聚之十四日間，實其時矣。伊盡力設法使余，必過慼別離之苦；此種態度直至Neapel碼頭分手之時，伊猶能強自保持也。八日余到Wilhelms höhe，皇上待余極為優渥；並偕余散步半鐘，討論當時局勢。皇上告余，余彼自始即欲促成在華列強共同動作。幸而列強方面，亦漸漸有此省悟，非共設一位聯軍總司令，其劫難期最大勝利。未幾，首得俄皇方面同意，贊成余為聯軍總司令。皇上對於此次對俄交涉勝利，似極為得意。並信其他列強，亦將次第贊成。但余不知奧地利、義大利、日本三國之同意，究竟何時可得；是否現刻已經徵得，或須待至十七日余再到Wilelms höhe謁見之時。此外法美兩國方面，至今尚無回電。英國方面則正在接洽之中。以日本或美國擔任總司令一職之事，自始即認為萬不可能。奧義兩國則以其所負軍事責任之少，在華利益之微，不復提出此項要求。只有俄英兩國，自信具有擔任斯職之資格；但彼此均不願相讓；而且當時亦無人希望英國擔任總司令一職，因英國在Buren戰爭一役，英軍名譽損失不小，故也。若法國方面擔任斯職，雖不免英國出來反對，但究竟具有可能之性；不過據余所知，法國方面實未嘗提出此項要求；如其有之，余信皇上或將承認。至於現在總司令問題之解決，實歸功於俄皇之迅速決斷。（俄國大臣）Kuropatkin本人，雖欲謀得斯職，但英國方面決不承認。現此間以為北京各公使館，已與外界完全隔絕。大家多疑大禍業已實現；所有全體外人已為中國『仇教主義』之犧牲。皇上對於此事，曾特別注意討論，並立誓報復斯仇。皇上每聽旁人竊議，『中國政府對於此種過激行為，或終有所畏而不敢出；北京各使館人員，或尚生存，亦未可知，至至』輒怒形於色，不以為然。皇上以為法美兩國必能贊成德國方面擔任總司令一職。皇上又令德國海軍，亦復歸余指揮。此事於余極為有益。但海軍大臣心中，似不以此舉為然。彼以為將來內部必發生許多爭執；蓋德國陸軍與海軍，同歸一個司令調遣者，此次似屬於創舉，故也。所幸者當時除V. Hahnke將軍外，Schlieffen伯爵，Sendnn及Diederichs兩位海軍提督，亦適在Wilhelms höhe，對於司令部組織事宜，得以彼此直接討論。

余之出發，以愈速愈妙，故決定乘二十二日由Neapel開駛之Sachsen號海輪前往，皇上發諭廷臣，代為預備一切。我們於九日到柏林準備行裝；並到各部（陸軍部，海軍部，尤其重要者為外交部）接洽一切。十一日復往Hannover，料理房屋，並準備將來如或不能再歸之手續。十五日再到柏林，召集總司令人員會議。十七日正午，復赴Wilhelms höhe 辭闕。十八日晚間，復回柏林，二十日早晨到Aanhalter車站。

最可怪者是外交部中之辦事情形。當時國務總理適在俄國滯留；對於中國問題，無法向其諮詢；而且彼對於此事，似亦毫無興趣討論。至於外交大臣Bülow則其時正住Norderney；皇上曾因Metternich之傳介，與彼常有電報往來；但亦未被徵詢。所有海陸遠征各隊之出發，皆僅由皇上一人決斷派遣。副大臣Richthofen則其時正在假期之內，不問一切。此種現竟發生於政治問題如此緊急之時，可怪孰甚。當時代攝外交部務者，為Stuttgart地方代表Derenthall君，待余極為恭謹；但彼到職未久，亦不能多所助余；彼僅能用職務名義，以與各國公使接洽而已。至於此次最有關係之人，實為余之昔日友人Holstein。彼自Henekel事件之後，已成為余之死敵。彼近得索負幹才之樞密顧問Klemeth，為其助手。余現在毅然決定身入獅穴，與彼相晤。余二人對談之下，彼此故意裝作彷彿前此未曾發生嫌怨一樣。彼並出各種文件相示；凡對於余有關係者，均令余閱視。彼此晤談許久。余因而明瞭吾國對華政策，除了懲罰華人之外，未有特別目的。皇上誠然常有『瓜分中國』之籠統思想；但其本意，僅欲在世界政治舞台占有一席地；至於由此態度所發生之結果如何，則未嘗有一明確概念。Holstein深以吾國此種政策未免過分為憂。彼預料必與列強發生許多糾葛。余亦以彼之意見為然。彼更謂吾國之遴遣鐵甲艦隊，難免刺激英人之心，實屬大可不必。

在陸軍部與參謀部之間，以及陸軍部與海軍部之間，又復發生權限問題之爭執；勢將對於全體發生不良影響，因此余第二次到Wilhelms höhe之時，特奏請皇上，嚴詢干涉；皇上即當面許可。在柏林之時，Ballin君曾來謁余。並為余言，船到大沽口起岸之時，若未先行預備駁船，勢將發生極大困難。彼之言竟不幸而中。余遂遣彼前往海軍部中交涉；但該部以為此種預備，係屬於陸軍部中之事。陸軍大臣曾希望以青島為大本營；蓋彼實不知青島殊非適宜之地故也。——至少在最近數年之間，尚不適宜。——此事幸余及時察覺，加以干涉。但是余對於陸軍部此次之熱心贊助，卻不能不加以承認。所有關於遠征隊之編製出發等等手續，皆可令人佩服。雖然其中曾有幾點錯誤，但就大體論來，總算成績不小。當時陸軍大臣正在給假期內，迨到一切主要工作既竣之後，彼始歸來。彼之僚屬以為彼不在部，於事之進行，反為有益；余亦甚以彼等之言為然。Einem將軍對於此次一切預備，實為主要人員。因為完全缺乏海外遠征經驗，以及不知戰地情勢等等之故，所以我們對於該部一切預備不到之處，宜加以相當原諒。此次最令人佩服者，實為該部毫不吝嗇；其準備規模之大，頗為余前此意料所不及。因為對於縱隊之準備，過於鋪張，以致需馬甚多，特在澳州北美兩處採購。——余對於砲隊之充分準備，則毫無間言。——倘若當初不購馬匹，改置日本上海廣東等處易於購買之普通運輸器具，則我們可以儉省數百萬金錢，而且步隊亦可較早出發。其他聯軍各國遠較我們辦理得法。尤其惹人注目者，實為我們之衛生隊；其設備過於鋪張，常為其他各國所驚訝。在各醫生之中，有幾位極為迴明。至於紅十字會派來之醫院，人數既眾，設備更富，其實未免多事。余之司令部大有人滿之患。余雖曾經宣言，不需軍事稽查以及軍事審判人員，——在遠征隊中已有此項人員。——但仍然照例派遣前來。反之，余甚需用軍事郵便，卻又不妥為設備。至於司令部參謀長一職，都中擬以業經出發之旅長Schwarzhoff少將充任，余亦甚贊成之。其他參謀人員，余請陸軍少將N. Gayl，以及巴燕、薩格森、費登柏格三聯邦之軍官各一人，出來擔任；又Marschall、Knigge、Königsmarck、Wachs、Eulenburg，諸人，亦均派在參謀處任事；皆已得當局批准。其餘人員則請Hahnke、Schlieffen兩人自由選派。此次最有益的，為皇上差遣艦長Usedom以及余甚喜悅之傳令官氏V. Boehn，前來佐余。

十八日司令部全體人員奉詔齊赴Kassel。皇上命余一一帶入宮中謁見。見後，皇上乃正式賜余帥笏，並對余發出一種稍嫌過於活潑之演說。不幸此項演說為某家報館所得，大施其惡意利用之技倆。在晚間之前，已有消息傳到Wilhelms höhe；據云北京已由聯軍佔領，該處皇室業已逃走。此項消息初來，當然頓使皇上大為失望；因彼腦中曾深信北京各國公使及以使館全體人員，早已被殺；而且預計余到中國以後，全體聯軍前此因疑落雨時節礙難前進者，至是將在余指揮之下，直向北京開行，余將因此獲得佔領北京之榮譽。此種夢境，現在已成陳跡。北京各國公使仍然生存；所慮落雨時節，今年亦未如期而至；聯軍之前進，已因日本努力而實現；北京各之佔領，並未費去巨大的犧牲。但稍微凝思一下，覺得我們在中國方面應做之事，尚有很多。余並力勸柏林當局，將德國遠征隊之組織，特別擴充，亦蒙完全照准。德國軍隊為余唯一信賴之軍隊，且為余之基本實力所在，余固早已瞭然。又余以總司令資格，與聯軍各國周旋，其間必發生許多困難問題，亦為余早已料知。至於北京皇室之逃亡消息，余聞之甚覺可嘉。倘使中國皇室在北京方面為聯軍所虜，則其勢毋須勞力，便可議成和約。如是則余到中國之時，必嫌太晚；我們在和議席上，或將喪失重要位置。

皇上對於此次遠征之役，懷有一種發展我們東亞商業之最大希望。皇上並令余謹記在心，要求中國賠款，務到最高限度，且必徹底貫徹主張。因為皇上急需此款，以製造戰艦，故也。其後余更察知皇上欲在山東方面擴充我們佔有權利。為達此項目的起見，甚望能夠置手煙台之上。皇上似乎曾諭海軍提督Bendemann（按係當時德國東亞艦隊之統帥）乘機攻取；其後此事未經實現，皇上頗感不樂。現在皇上當然預計余到中國之後，施行此種攻擊計畫，而況余手中更有鐵甲艦隊供其指揮乎。

余此行確未奉到一種指示機宜令。除了幾個問題曾向皇上叩詢外，余亦未作頒賜訓令之請求。余以為自己尋路做去，當極有趣。並願此後亦不以問題去煩擾他人。

皇上對於余之個人，在實際上卻極關心。彼遣御前侍衛兩人，以隨余行。並親諭該侍衛等，對於余之生命安全，須負完全責任，不准一刻離開余側。皇上曾向侍衛Nasser特別囑咐，假如戰爭之時，余馳往前線太近，彼須將余立刻止住；緊拉馬韁，不使前進。同樣，傳令官Boehn亦奉皇上之諭，對於余之勇莽冒險，須力加勸戒。皇上曾下諭Lloyd輪船公司，將所有頭等官艙，——其時大部分已由他人租定。——一齊撥與司令部應用。又諭交通部長預備一駕上等花車，直達Neapel埠。此外內廷方面，復送來香檳酒二百瓶，以及余平居最喜之Punschextrakt酒五十瓶，以為途中之用，此項美酒居然——何等奇怪。——竟自一齊到了北京。

現在社會方面，對於中國亂事，漸漸注意討論起來；尤其是在遠征隊之成立與出發以後。愛國情感，因受設置德國統帥之刺激，日益於熱烈。在漢堡車站方面，——其時該處得知余駕將到之消息，不過僅僅數點鐘。——早已人山人海，向余慶賀。此種歡迎盛會，其後愈來愈多，一直經過Hannover、Wilhelms höhe、柏林諸地，以至於啟程之日。皇上自己即嘗身先作則，為余大開慶賀之宴。余此次由柏林到Neapel，所有德國境內沿途盛況，頗令人憶及一八七〇年。（譯者按，此係指普法戰爭之時而言）凡余所到，或僅僅經過之車站，無不聚滿群眾。其中如Leipzig（此處更蒙Treitschke將軍以王命來賀）、Reichenbach、Plauen、Regensburg諸處，來會者往往在數千以上；尤以München一處，達於最高沸點。該處侍從武官Lerchenfeld伯爵，以王長子之命來賀；此外所有王公大臣，無不一一在場。此次確是一種巨大愛國波濤，經過德國全境，使余受著一種深刻印象。只是可惜一大部分自由黨報紙，以及全體社會民主黨報紙，用其可鄙行動，竟將此次盛舉，弄成酒中灌水，美中不足。吾人在該報紙等之上，只看見責備侮蔑嘲笑之詞，其主要攻擊目標，當然是在皇上。德國在華三萬軍隊現狀如何？是否已陷入險境？實無人可以預言。在大沽及天津之戰，可謂美滿已極；當時反對黨之報紙，豈非亦嘗對於出征同胞，表示熱烈同情，而收掩其批評詆毀言論乎？

至於余之個人，對於此種喧嘩慶賀之舉，極感不樂；現在眾望所歸，可謂達於極點，只使余有損無益；此種感想余在行將啟程之前，屢向各相識者言之。此外余對於各種口頭筆下或電中報上，譽余為最能勝此重任之適當人物云云，余但覺其為諂媚之語而已。

在Kufstein之時，陸軍中尉Binder以奧皇Franz Joseph之命來賀；彼並與余同車前往Junsbruok；該處太守及其僚屬與將校團等，均在站中迎候。參謀長Pfeffer以大公爵Eugen將軍之命，伴余直至Ala。八月二十一日早晨九鐘，車到Verona。該車主要部分，先由彼處直往Genua；余則偕同Boehn、Marschall、Yorck、Rogister、Wilberg、Wallmann，以及其他人員，另向羅馬而去。晚間八鐘即到。侍從武官Brussati，禮官Corsini，司令官長，以及德國使館人員，均在站中迎接；只可惜Wedel伯爵不在場。彼之代表為Castel伯爵。余乘宮車到Quirinal旅館，為義王賓客。二十二日早晨先赴Pantheon，置一花圈於Umberto王棺之前。然後再謁義王，敘談甚久甚深。晚上八鐘，遂到Neapel，復得各處領袖之盛大歡迎。余及與馬利亞同赴旅館，尚得兩點鐘之期間，獨自與伊相聚。十一鐘左右，我們同到碼頭，Sachsen號即泊是處。但直至中夜之後，該船始準備完妥。現在遂到難為別離之時。上帝佑我可愛可敬之妻！並使伊之心繼續安穩！上帝是我之指導者！他將贈給我們一個為時不要太遠之歡愉再會！余抱著上帝信心，懷著十分勇氣，浮向海上而去，回望與我世間唯一無二愛人相別之岸上不已。

八月二十五日之報告

（時在Sachsen船上）

余與義王Viktor Emanuel陛下，曾有三刻鐘之晤談。最初談及中國戰事。義王遂謂：義國之所以參與斯役者，實以義國為世界大國之一，對於此種列強共同行動，不應自外。即或義國在華並無重大利害關係之可言，亦不應袖手旁觀。彼之遣派軍隊到華，為數極小；蓋義國之意只在向著華人表示，到有該國軍隊而已。關於義國財政情形，亦復略為談及。義王以為此役所需之費，當在二千萬至二千五百萬Lire（義國幣名）。談次，義王復向余表示，彼甚希望義國在華軍隊常能團聚一處。余及答之曰：余將盡力，無論如何不使義軍擔任驛站以及類似驛站之役。余更將使義軍常在余之附近駐紮。至於應用戰艦一事，余從當時義王談話口氣之間，以及後來余與該國外交大臣晤談之下，似乎除了大沽方面掩護陸軍登岸外，並無一種確實計畫。因此，余對於此事，便未詳細商論。而且深恐義王陷於難於回答之境，所以關於義國海軍提督（譯者按其時義國海軍提督，為E. Candiani）是否得有訓令參加列強海軍共同行動之問題，亦復未曾提出。但就余所得印象而論，似乎可以辦到，義國海軍提督特與德國海軍提督接近；或者甚至於義國海軍置在余的指揮之下，亦如現在奧皇Franz Joseph關於奧匈海軍之所為。（原註，按照奧國所派隨員Wojcik隊長之報告。該隊長現居船上。）

義王對於李鴻章分向各國單獨交涉，破壞列共同行動之謀，亦復甚為明瞭。義王及其外交大臣對於此位中國顯爵（譯者按，係指李鴻章而言）均甚懷疑；余於兩人神色言詞中見之。

談畢，義王復述及最近暗殺事件。（譯者按，係指義王Humbert七月二十九日被刺之事而言）彼相信尚有秘密謀刺之組織。彼曾向吾皇陛下之警察官廳，給送各種重要消息。

談後早餐，是為義王即位後之首次宴客。余得享傍坐女王之榮，並覺義王將來必深得賢妻之助。宴中復談及無政府黨人以及類似此種之黨徒。余謂缺乏判斷力之群眾，需要一位具有明白宗旨，堅強意志，努力前行之首領，以為指導。女王聞余此言，似頗首肯。余在此處似乎不能不略為提及，義王Viktor Emanuel即位之日雖不久，但大家均覺得，彼嘗深思靜察，具有比較其父治國，便當較為獨立行動之決心。

從Verona到Neapel之途，各處軍事長官均到車站歡迎。在Florenz之時，Turin伯爵亦來迎接。彼等對余，無不熱誠慶賀；並極信任余之指揮能力。在羅馬勾留之時甚短，且未奉吾皇陛下諭往謁見神聖教皇之旨，是以未曾晉謁教皇。但余在此處不能不附奏一句，即所有沿途歡迎慶賀之中，天主教牧師來參與者，極為眾多熱烈云。

八月二十五日柏林威廉皇帝來電

（該電係八月二十六日在波賽接到）

自君旅行以後，中國方面之軍事情形如下：

北京已被佔領。聯軍各司令擬將北京置於軍事管理之下。皇室業已逃走。艦長Pohl帶領二百七十三名登陸水兵，已到北京。艦長Hecht隨著趕去。Hoepfner將軍已令海軍兩營登陸。其第一營已由Madai帶往北京，現已經過一半以上之途程。Hoepfner自己跟著前進，已有兩日在途。鐵甲戰艦大約八日左右即可到吳淞，將與彼處巡洋戰艦之長官接洽調用之事。揚子江流域方面，現正在醱酵之際。廈門及其附近，發生暴動，教士被打，日本廟子被毀。日本在廈門已令軍隊登陸。滿洲方面，尚繼續與俄戰爭。在政治方面，俄國願與李鴻章議和之希望，現已表露於外。但此事因各處尚在繼續戰爭，恐一時不能成為事實。據各種消息，中國軍隊沿運河而上，壓迫天津到大沽及天津到北京兩線。李鴻章曾向各國提出願任議和調停之人。中國政府亦以彼任議和大使一職，向各國紹薦。余已拒絕李鴻章，並將此意向中國駐德公使（譯者按，中國公使係呂海寰）及中國政府言之。因為俄國既已佔領滿洲，我們尚有他種軍事任務亟須實行，故也。據我所知，除俄國外，他國政府尚無接受李鴻章之請求者。

余與（英國）皇子von Wales，及（英國駐德大使）Lascelles，曾在Wilhelms höhe宮內晤談；對於拒絕李鴻章之事，以及揚子江流域政策，已得其諒解。揚子江流域對於各國，應該門戶開放；各國得自由保護其僑民；對於佔有菲律賓根據地及希圖直向中國海面擴張特別勢力之美國，在揚子江流域方面，不應許以特別權利。皇子von Wales及Lascelles甚望英國將李鴻章拘執，以作人質。關於我們此次之談話，已由Lascelles報告Lord Salisbury；並請彼（指Lord Salisbury）對於上所建議各點，發一共同宣言。（譯者按，此段為一九〇〇年十月十六日所訂「揚子江條約」之前史，閱者注意）

除了俄國，其利益範圍僅限於滿洲與中國北部，而且在華亦無商業或商人須其保護，因與吾人行動不免異外。其餘各國目的可與吾國一致者，則為各國均不希望過於急速議和。恰與吾人主張先行平定亂事，恢復國內秩序，承認一個新組政府，要求保證將來一切者，完全相同。即在俄國雖有希望和議之心，（此事與俄國金錢恐慌亦有關係）但因中國暴徒續向北方開來，恐俄國此種和議希望，亦非立時可以實現。俄國預備輸往東亞之軍隊，現尚滯留於Odessa地方者，據最近消息，又已開始動員。

威廉

八月二十六日之報告

（時在Sachsen船上）

皇上陛下，余與（俄國）皇子Engalitschew上校之談話，不敢遺漏弗報。

該皇子云：『此次對於中國開戰，我們甚感不便。我們希望西伯利亞鐵路之建築，不為所阻。在十年或二十年以後，滿洲將如已熟之果，落在我們手中。中國方面情形，因北京之佔領，誠然大為變遷；但其前途如何，尚不可以預測。現在第一步決定，先將砲兵兩旅停止動員。使我們最為憂慮者，厥為日本。我們相信日本現正預備派遣兩萬軍隊，前赴高麗南部。我們亦將因此在高麗北部，集合第三西伯利亞軍團。我們自己決無併高麗之心；但對於日本之佔據該地，則萬不能忍。現在我們對於此次戰事費用再加一部分因鐵路建築被阻所受之間接損失，其數業已達二億之巨，頗使我們大影響，尤其令我們懷疑者，究竟中國是否具有此項能力，賠償參戰各國費用？吾皇對此次事件，只與Lambs dorff伯爵，以及Witte，Kuropatkin兩位大臣，親自討論。關於吾皇之意見，余未完全得知；但有一事可以見告者，即余辭闕之時，吾皇曾謂余之指揮職務，至多四個月內可以完竣云云』

在余船上，皇子Engalitschew曾設法與余之各軍官閒談，故意牽入政治問題。但該皇子卻未能因此僥倖，有所獲得。蓋余對各軍官曾有訓令，對待一切外國軍官，均宜特別周到；但一談及政治問題，則應設法避免。當皇子Englitschew向余言曰：『貴國皇帝當有佔據山東以至運河之意』余答之曰關於此種問題，余未得有訓令。

九月十八日之報告

（時在香港）

皇上陛下，當余行抵香港以後，余之行程首段，業已告終；不敢遺感，詳報一切。

所有沿途經過之海埠，余皆得著英國官廳極優之款待與尊敬。在新加坡之時，余遇著兩隻法國軍隊運輸艦，以及一隻載有第十六砲隊之俄國志願軍艦法國運輸隊首領Laune grace、Clèment de Grandprey兩位高級中尉，對余極為恭敬；並謂在余指揮之下作戰，實不勝榮耀欣喜之至。其後彼此之間，更以坦白態度，談及普法戰爭以及余當時參戰之事。當余乘Sachsen號離開該埠，約距兩隻法國運輸艦不及三十公尺之遠，慢慢開駛之際；所有法國艦上士卒兩千左右，均奉命齊集艙面；各位軍官則聚立指揮地點；並奏Präsentiermarsch（行禮軍樂）。及Heil Dir im Siegerkranz（譯者按，此係德國戰前國歌）兩曲，以慶送余。當余命令樂隊演奏Marseillaise（譯者按，此係法國國歌）一曲作答之際；彼輩於是大聲歡呼良久，各位軍官亦皆舉起軍帽搖盪不已。余之左右各有Lloyd公司之華麗輪船三隻隨行。當其經過該埠碼頭之時；要塞方面，Brisk與Brandle兩隻英艦，以及意艦Besuvio，均各放禮砲十九響。所有法俄軍艦以及許多停泊該埠之德國輪船，無不懸旗致賀。余甚相信上述各種優禮，除令人得著一種永世不忘之印象外，未嘗不略含政治意味。尤其令人注意者，所有各種慶賀之舉行，以及他國臣民之表示，均含著一種真摯的同情。

余在此處（指香港）得一印象，即英俄兩國在直隸方面，甚為齟齬，頗希望余從速早到該地。因此余在上海之勾留，僅以接洽吾國公使及該處高級軍官所需要之時間為限，隨即趕向大沽而去。

尤有一事令余欣然報告者，即在哥倫布，檳榔嶼，新加坡，各處，德國一切事業均有興盛發揚之象。余所接見之德僑，無不一致以為吾德在東亞方面海陸軍事之發展，實促進吾國之尊嚴與榮譽不少。尤其是特別榮耀者，吾德得著統帥一席。

此外Bremer Lloyd輪船公司近年發展航業之計畫，尤令人欣喜不置。該公司於去年曾將Scottisich Oriental Steamship Co.之全體船隻，（計共十三隻）以及Holt-Line之大部分船隻（計共十一隻）收買。所以德國旗幟常常表現於前此德船踪跡罕到之許多海埠。又北德Lloyd公司所屬之『印度中國海岸航線』其船隻已增至二十七艘；尚有八艘在製造之中，現將竣工。

九月二十一日柏林威廉皇帝來電

（係九月二十二日在上海接到）

關於閣下之行動方針，余有所告諭如下：

中國政治局面，現以兩事為轉移其一係俄國方面所條陳之撤退駐華軍隊其二則為余向列強建議，在中國未交出北京禍首處以相當刑罰以前，決不與之開始談判。俄國撤兵條陳，僅可得著法國方面贊成；但法國亦非出自心甘情願。至於英國政府則已拒絕俄國之請，正與余同，只是較余更為嚴厲一點。日本方面僅願將其可以省減之兵額暫時撤退。美國政府則以為如果俄國堅持其議，美國當不加反對；惟此事悉聽美國駐華司令自由處置。余之聯盟國奧匈義大利，則贊成余之建議。俄國方面，現正努力約國，將其撤兵條陳，特別設法掩飾，一若並非與余為難者，此外又許以兩旅軍隊，在津敬候閣上指揮。余甚願余之軍隊，如為軍事環境所許，宜駐在北京。反之，對於余之公使偕同其他列強公使離開京師暫往天津一事，余可不持異議。余主張以懲辦禍魁為開始談判之先決條件，其論點之合於邏輯，殊非列強所能反對。此外中國議和公使必須具有全權證書，方能與之開始談判。余已命令海軍提督（譯者按，該提督之名為Bendemann）對於總督李鴻章之前往天津北京一事，如英俄海軍提督主張允准放行，則我們亦不必特持異議。反之，如英俄不允准，則我們宜立於不利李鴻章之方面。

據余所得消息，並天津北京之間，亦未嘗達於安寧之境，更何論其餘中國各地。我們軍事責任，現在尚未完竣；中國現尚未省悟對於外人所應負之義務；該國大臣猶曰曰欲用其神拳魔術。

今日君之責任，宜用麾下所屬列強兵力，制止中國一切繼續反抗行動，勒令中國承認各種贖罪條件，然後始能著手外交談判；使中國對於外人之關係，得一滿意之解決。余之宗旨，始終未變；只求中國恢復秩序，立於一種具有充分強力的本國政府之下，允許外人得著和平文化工作之穩確機會。因此君宜速到大沽，即由該處行使一切軍事手段。余之駐華公使（譯者按，該公使之名，為Mumm V. Schwarzenstein。已得余之命令，前往天津，告君一切政治現狀。

威廉

九月二十五日之報告

（時在Hertha巡洋艦上）

在香港之時，余受英國總督Sir H. A. Blake及英國軍事機關（海軍方面係由司令Powell代表，陸軍方面係由將軍Gascoigne代表）之竭誠招待。余赴英國總督早餐之宴，因得與之久談。余覺得該總督以及余截至今日曾經晤過之一切英國軍官，對於俄國皆極為仇視。該總督係一位深悉中國情形之人；並因鄰近廣州之故，常與李鴻章來往。彼以為李鴻章實係今日中國大臣中唯一堪膺議和使命之人。又該總督之僚屬人員，均謂李鴻章在滿洲方面有田甚多，所以對於俄國，遇事特別顧忌。

當余在Hertha艦樹立帥旗以後，從此正式就任陛下東亞海陸軍隊總司令一職。余於午後啟程前往吳淞；Sachasen輪船亦即隨後跟來。余於本月二十一日正午十一點三十分鐘，安抵吳淞海灣；受該處所泊許多戰艦之優禮歡迎。

因欲晤見陛下公使，Mumm von Schowarzenstein之故，特乘Lloyd公司輪船前往上海。該處歡迎場所，因地理上之關係，係設在法國租界之內。英國將軍Creagh之為人，可謂善於布置。彼令各國軍隊，如法國日本印度之類，以及上海志願兵，聚集起來，舉行一種規模宏大之軍禮；而駐滬（德國）第一東亞步兵聯隊中之第一營第二中隊，亦參與其會焉。又該將軍請余次日檢閱全體軍隊；並以印度騎兵衛隊為余駐節上海期內之用；余均感謝承受。

倘若余赴閱兵典禮之時，身繫黑鷹勳章之帶，掌握元帥指揮之笏，跟著手持帥旗之陛下侍衛一人，以及軍官數十；更有無數華麗服裝勇武相貌之印度騎兵，往來驅散擁擠參觀之華人；實令人不免發生一種舞台演劇之感。但余深知此種演劇式之辦法，對於亞洲居民，卻是應該有的。

除了兩個德國中隊之外，其餘各國軍隊，亦令余得著一種良好印象。尤其是午後參觀兩個印度聯隊及其內部詳細組織，使余所得印象益深。該聯隊之士卒，皆係以從軍為職業，已經幾度『再役』。余覺其軍事訓練頗好，而且甚為忠實可靠。其服裝軍械，亦極為精善。所有帳棚設置，無論寒暑均備。此外更有不能忘述者，即（英國）將軍Creagh，與其各位軍官，對余極為竭誠優待。並屢次表示受余指揮作戰，至於榮幸歡欣。又法國兩位軍官，Baëhne艦長與Villiers上校，待余除了特別禮貌外，亦頗能誠實相對，余亦樂在此處述及。

余相信現在聚泊吳淞上海之多數兵艦，以及各國陸軍五千左右，必能使長江流域，一直上至漢口，鎮靜安定無疑。余並相信管轄該地之兩位（中國）總督，頗欲壓制民眾暴動之舉。現在所知該兩總督曾因此殺卻許多暴動分子，但吾人對之，亦不能完全信任，蓋中國大臣實無一可以信任者；彼輩始終只向有利一方行去而已。長期駐紮海陸重兵於上海內外，甚感必要；即或因英國之故，組成一種含有國際性質的，亦無不可。余與陛下公使及Knappe總領事對於此事之意見，完全一致。

現在泊於大沽海灣之陛下兵艦Wörth、Hansa、Fürst Bismarock，三隻，已在望中。余此行第一目的地點，即將達到。

九月二十九日之報告

（時在天津）

遠征隊之起，船遇著極大困難，辦理非常緩慢。大沽海灣極不便於起船；因此運輸艦必在距離大沽八海里之遙，即須改載駁船；而此項駁船復因海波之故，往往鎮日受阻。起船碼頭本來已經甚短，而復被參戰列強同時應用；其結果常常因為他國運輸器具，塞滿碼頭之故，我們無法起載。此外起船時間，復受（白河河口）水柵之影響；每二十四鐘之內，只有兩次可度，每次約需數鐘。尤感困難者，當初在Bremen碼頭裝載之時，對於行軍情形，絲毫未顧。譬如軍隊立刻需用之物件，如戰場用具被蓋等等，則置在艙內下層。反之，其他物件可以展緩數星期起船者，卻堆集艙內上層。又如大砲筒子與其車架，係折開分別裝，因此直到今日，尚有一個砲隊，僅僅裝好兩個砲筒。又如醫用車輛則堆在艙內上層，而醫用藥品現在猶深深埋在艙內下層。若此之類，不勝枚舉。初到之時，甚感駁船缺乏；此種駁船可以由白河直達天津；我們當初對此，絲毫未曾留意。

細考上述種種缺點之原因，除海灣及碼頭外，——碼頭方面頗使工作延緩，——實以今次輸送如此大軍，於如此遙遠之地，為我們前此未有之舉。同時海軍方面亦缺少派遣遠征隊之各種經驗。海軍副提督Bendemann告余曰：關於起船之事，彼在遠征隊到達以前，未嘗預得何種通知云云。究竟當時能夠徵集幾許可以上駛白河之駁船，現在余當然不能再為判斷。陸軍中將Lessel（譯者按，此人係德國東亞遠征隊之指揮官；一九〇〇年七月八日在德動員，九月中旬到華）曾告余曰：若欲徵集許多可以上駛白河之駁船。恐非海軍副提督Bendemann所能辦到。但Lessel自信，如得Bremer Lloyd及

Homburg-Amerika-Line兩個輪船公司之介紹，彼（指Lessel而言）能於較短時期內辦妥；余因以此事託之。又余可以報告者，自余抵大沽海灣之後，關於起船問題，空氣為之一新。所有前此海軍副提督與陸軍中將Lessel兩人間之紛歧意見，現已調解捐除。

因海浪洶湧之故，總司令部起船之期，未能於二十六日實行，所以改在二十七日晨早；即於是日正午移駐天津。余在大沽海灣之時，嘗思及大沽北京間一百五十公里長遠之戰線，而僅僅倚靠大沽一個地點；並且起船裝船之無限困難，以及現在冬日將臨，將冰所封者當有三四個月之久；實對於軍事行動，大感不便。因此，余必須另尋一個寬廣根據之地；此事若要實現，只有將山海關佔領一途。因該處運輸之艦，可以駛到岸邊一千公尺之近，而海灣冬際又不全凍，故也。余將以該地為兵站；在冬日之際，余更將以之為總兵站。此種主張，除俄國海軍提督Skrydlow外其餘各國海軍提督均一致贊成。余深知俄國頗欲將山海關獨自佔有；但余卻以俄國此舉未免僭妄，因余應盡顧全聯軍利益之義務，必須將該處佔領，以為參戰各國共同利用，故也。

因此之故，余到大沽海灣之日，——在二十五日，——即命海軍副提督Bendemann與停泊該處各國戰艦之海軍提督接洽；將余之意見，向彼等詳細解釋；並詢其是否願意共同動作。此外余又密令Bendemann倘接洽之時發生困難，則即獨自設法佔領。余將大沽海灣駐軍一大隊，歸彼調遣。而且余在上海之時，即早已下令鐵甲戰艦，開在大沽海彎集合。余曾將余之意見，詳告（俄國）皇子Engalitschew上校，並請其電告聖彼得堡方面。惟彼以為俄國正擬撥調攻下北塘以後現正賦閒之軍隊，往佔山海關；或者海軍提督更將由旅順方面派軍相助云云。余因向彼宣言曰：該處係在直隸境內，此種軍隊當然隸屬余之指揮之下。

昨日晤見皇子Engalitschew；彼因聞聯軍戰艦實行余之提議，將於日內開往山海關，故特來向余申其意見。彼尤抱不安者，即風聞英國軍隊亦將同在該處登陸之說。又昨日英國將軍Gaselee來謁，並詢余是否允許威海衛駐軍參與斯役；余即當面許可，並立刻通知海軍（副）提督Bendemann。該將軍亦因尚須商議接洽之故，立即往謁海軍提督Seymour而去。余深知英俄在此之齟齬，將從此愈趨激烈。余曾令海軍（副）提督Bendemann，待軍事稍稍得手，即在歸彼調遣之大隊中，挑選兩個中隊，在該處起船，作為兵站之駐紮之。（譯者按，中國軍隊退出山海關，係在九月三十日之中夜因此聯軍佔領該處，並未發生戰事）

當余將此間情形，稍稍研究以後，知其現尚紛亂已極。余實毫不遲疑，以此事之咎，完全歸諸俄國。因該國最先對華開始單獨談判，以致列強共同行動為其所阻，否則列強目的，必能早達無疑故也。一方面俄國將其大部分軍隊，從北京撤退，而他方面德義兩國卻正派遣軍隊前往；因此列強不能一致行動之情形，實已明白表露於華人之前。倘使美國亦將其駐華軍隊之半撤回，則擔任其咎者，俄國實應當首屈一指也。此外列強不能一致之情形，更將完全實現；倘若美國軍隊從直隸省撤退，或者不久俄國亦繼其後；而同時德法兩國卻正派軍前往該省。至於德俄兩國軍隊以及兩國軍官團之間，尚稱友睦。但余以此種表面友睦，係俄國方面故意為之。以便彼輩實際上對余所用之詭詐推託種種手段，皆能由此遮掩其跡。

從大沽至天津之間，以及天津重要部分，已成一種不可描寫之荒蕪破碎。據余在津沽路上所見，所有沿途村舍，皆成頹垣廢址，——塘沽係五萬居民之地方，——已無華人足跡。從此地到北京之一段，余之參謀長Schwarzhoff少將，曾兩次經過其地；據其報告，凡軍隊行經之地，但見其一片淒涼荒廢而已。即北京自，亦因燒搶之劫而大受破壞。失所流離之民，據估計約有三十八萬人，但實際上似或多於此數；散居於該段旁邊，大半均在露天之下。在現刻良好天氣之際，或尚可苟延幾時。至於饑荒疫病之必先後繼至，實已無疑可言。余相信此種無居無食之災民，必將使附近居戶，咸陷恐遭搶劫之不安狀態。或者此項災民竟自投身拳黨。余因此之故，遂以為如此行軍則只能多多製造拳黨；且其製造之數，當遠較戰時剿殺之數為多也。

聯軍彼此相互之間，其關係各自不同。吾德軍隊與其他一切各國軍隊相處，均甚相得。彼輩對於吾德軍士所取之態度，皆甚驚服。在軍事方面，以日本軍隊之編製，——完全依照普魯士模範——武裝，調度，及服務，為最善。法國軍士為一般人所輕視，甚至於俄國軍士亦不願與之交際。美國軍士對於各國軍士，均抱謹慎態度；就吾人所得印象而論，美國軍士雖不是一種惡劣之兵，但卻不是可以信任之人；大約其中所雜之冒險份子，似乎不在少數；跑到天津街上搶人，甚至於以手槍攻擊法國步哨之事，皆曾發生。倘一旦該軍士等解除軍役以後，勢裝成為中國居民之巨害。（按瓦氏九月二十八日之日記，曾云：對於德軍之態度，無論列強及華人，均甚贊美。此處所謂德軍，係指當時曾經參與戰事之六百海軍而言。至於開往攻取北京之軍隊，並無德人在內。又現在德國派來之軍隊，則以其態度及軍紀之佳，頗得一般贊許）此間聯軍軍隊一部，駐在歐人租界房屋之內，一部則幕居附近。因各國司令互相協力合作之故，所有天津租界及其附近之秩序，尚稱佳善。現在天氣甚好：暖和，但晝卻不熱；涼冷，但夜卻不寒。將來夜間漸涼，則當特別預備一切，如駐紮長久，並將注意及於最關重要之飲水問題。痢疾在各軍隊之中，業已開始發生。

十月五日之報告

（時在天津）

余到大沽之後，立即通電聯軍各國元首，報告余已行抵直隸。現在各國均有極有誼之回答。惟美國方面，僅令國務秘書Hay告余：『來電業已收到』而法國方面，則更至今未曾回答一字。

此處尚有一件可以報告之事，即法國將軍Voyron個人待余極為周到；甚至於向著他人埋怨某某，未能照樣一如其他各種軍隊之聽余指揮然。不過彼之參謀長——據余揣測。——似在其旁監視，以免彼溢出政府訓令範圍之外，過分的隸屬余下。但Voyron卻親自向余要求參加保定方面之共同作戰事宜。又法國將軍Frey因病復從北京回到此地；其人頗似一位忠實軍人；彼對於吾國海軍人士，以及後來對於Hoepfner將軍帶往佔領北京之軍隊，均甚為周到優待，實足令人贊揚。

俄國公使Giers亦於斯時抵此，並來謁余。因彼為人虛偽所得之不甚良好聲名，在此次晤談中間，可以充分從彼之舉止態度及目光變動中，顯露證明。彼對於攻取保定之計畫，曾作警告。因彼恐（中國）太后更將愈向內地逃遁，而和議亦將因此遲延；尤有一能預料者，現尚平靜無事之中部各省，是否不因保定佔領之故，亦復華人漩渦？此外彼又以為倘若列強施用相當壓力，則太后當不致猶豫下諭，毒死端王以及承認其他賠償條件。余因答之曰：關於攻取保定一事，余現刻尚未下令。

此處尚有一事應該同時報告，即余固已早與英國將軍Gaselee計畫，從北京天津兩面，共同往攻保定；但實行之期余尚保留，而且必須保留，因德國遠征隊所需之服裝及武器，尚未起船，故也。

在余前此報告，已經述及之當初裝船不善一事，現在更令人特別感覺。譬如運載第四聯全體之

Phönicia艦，所有戰場用具，軍士外套，均放在艙內下層。復次，再將山砲及其他運輸器具，堆置其上。最後更以四百噸大麥，壓於最上一層。一直到了昨日，始將大麥卸載。又由此到京之運輸，亦感著巨大困難。現在海軍步兵隊之輜重，猶未準備齊全。該隊大部分兵士，尚乘帆船溯向白河而上。余近思及秦皇島港口之工作，以及由此赴站，相距三個公里遙遠的連絡鐵路之修築，必須立刻動手。（譯者按，秦皇島之港口與車站，自中國撤退山海關之消息傳出後，立即由德國海軍副提督Bendemann派遣德國海軍佔領）俄國方面亦將竭力為之。（譯者按，此句之下，被威廉第二橫線，加一疑問符號？）又山海關至塘沽間之鐵路，現已照舊行車。因此余遂希望，在此冬間，對於我們此間駐軍，可以得一健全基礎。

關於此事之討論，又重新引起英俄兩國之齟齬，而且頗為激烈。英國甚欲抵制俄國擴充勢力範圍於直隸北部之野心；遂希望山海關至溏沽間之鐵路，或直接退還中國管理，否則至少亦必交與德國手中。蓋此路英國曾投資甚多，故也。反之，俄國方面則用全力圖謀；早將該路及管理，佔為己有。

余對於此事，純以軍事關係為前提；並宣言曰：無論何人管理鐵路，均可；倘若彼只將該路作軍事使用；而且所有聯軍各國皆得一律平等利用。因為在事實上，塘沽至唐山之鐵路，俄國方面早已著手恢復；而且俄國又係首先利用唐山至山海關之鐵路；所以余今日允許俄國將軍Linewitsch（譯者按，此人係俄國駐紮直隸軍隊之司令）擔負恢復全路及管理該路之責。Linewitsch將軍之為人，頗似一位良好誠實之軍人。彼對於一切預約之條件，皆完全承認，並作紙面條約以保證之。余對於英國要求，則拒之曰：倘英國該路企業若受損失，可向英國使館陳述；而且此事應屬於議和會議，此種要求，須待彼時決定。反之，余請英國擔任直臨海岸最關重要之山海關第一要塞總司令；蓋該處為英國首先佔領樹立該國國旗之地也。

李鴻章於今早十鐘，由俄國護送，離開天津，前往北京而去。彼令人於其行後，送一名片到余處。（按瓦氏十月七日之日記，有云：李鴻章——由俄國保護——與余約略同時抵津，居於華界彼之舊日衙門中，由俄國衛隊保護。並有一次由哥薩兵護送，乘坐肩輿，穿過租界。彼到津後，即立刻設法冀余招請。最後復使彼之俄國顧問Korostowitsch斡旋。余對李氏之請求，每拒絕之。又李氏往北京之時，係（十月）五日，乘坐巨大帆船而去。在北京之際，未受俄國護衛）余所帶來陛下欽賜俄國少將Stoessel（按此人係俄國第三西伯利亞東路砲兵旅之司令；德皇因其在津指揮德俄軍隊有功，故賜與徽章）之徽章，於余到津之後，即在此間俄國全體軍隊排列之前，正式恭謹授與。該將軍深覺無上榮幸，大呼陛下萬歲，並請余代致恭謝之意。

軍隊之健康，雖尚未至可憂之境；但在遠征隊中，卻已有七百病人。大約每個初到中國之人，照例對於該地氣候，必須先繳若干貢金。所幸者所染痢疾之症，尚屬不甚危險。而且防疫之法，亦已預為特別準備，以免軍隊傳染。

最後猶有一事附告者，即余將用全力，務使前此余曾恭奏皇上之（中國戰地）破壞荒蕪情形，得一止境。余因此曾要求（俄國）將軍Linewitsch，以後佔領中國城鎮，務宜注意斯旨。

日本軍隊習慣，對於此種破壞，亦復素不顧忌；因此之故，山海關一役，特令德軍一個中隊，先將該城正門佔據，阻止日軍進據。倘若該地秩序不久恢復，華人各歸居所；又若倘遇新佔之地，居民未嘗出走；則吾人對於此項和平居民之私人財產，均須特別尊重；一切非法行動，均須嚴厲制止。

余之大本營尚未移駐北京，因運輸所需之馬匹帆船，尚甚缺乏故也。

十月七日之報告

（時在天津）

皇上陛下，余於今日發電上奏之後，尚有與（俄國）皇子Engalitschew上校晤談一事，不敢遺漏不報。

該上校今日託余之副官稟余，請求接見，並作極為親信之密談。該上校謂余曰：彼甚欲預防一切誤會，並為俄德利益起見，特將俄國政策，說明如下：俄皇尼古拉陛下，甚願駐紮直隸之俄軍，受余節制。倘若當時余曾預定佔領北京之舉，應由余自率聯軍為之；則俄皇對此當特別滿意。今因環境之故，竟由俄國將軍（Linewitsch）一人，早期佔領，實為俄皇陛下至為不悅之事；因彼顧念對華邦交關係，故也。當其佔領北京之消息傳到（俄國）後，俄皇陛下以為在華政治局面，已經大變；遣送該皇子到華之舉，亦已無必要。俄國對於佔領北京以後，業已心滿意足；不欲因為要求實行或他種條件之故，再施其他武力壓迫。該皇子以為俄軍撤退北京以及直隸之舉，雖恰恰在余抵華之日開始實行，但此事之議決，卻早在數禮拜前；今余對此，若抱不快之感，彼極能喻解其意。但彼甚希望余能諒解承認此舉之動機。此外俄國方面，甚願直隸一省能劃入彼之永久的，獨有，勢力範圍。該皇子以為俄德兩國之間，對於該地勢力範圍問題，當不難協商諒解；蓋從前彼此曾結條約，以黃河為兩國勢力範圍之天然界限，故也。至於俄英之間，則關係大不相同；英國頻年以來，不斷努力，在直隸省內，建築鐵道，開辦礦業，從事各種貿易，以便培植自己勢力。此種情形，將使俄國直到一種不堪忍耐之境。因此之故，自中國亂事開始以來，俄國即曾特別努力，將山海關——塘沽——天津——楊村

——北京間之鐵路及其管理，（該鐵路之內，英國方面，曾投有大宗資本，並位置大批英人）取入手中。自（俄軍）撤退北京以後，（按係從八月三十一日起，開始撤退）楊村——北京一段之鐵路，誠然對於俄國已無重要意義；但俄國方面無論如何必須將鐵路佔領，以便和議之時，已有實物在手，得以憑藉；或者竟由和議允許俄國獲得永遠佔有該路之權。在俄國方面，最引為隱憂者，即英國在山海關及秦皇島兩處登陸軍隊之多，大為超過兵站衛戍所必須之數。

該上校旋復措辭曲折，並屢次聲明，彼所奉告者，全係親信之談。繼而又謂余曰：倘德國方面，對於此種與德不關重要之問題，能抱一種友誼態度，則俄國方面將特別感激不已云云。該上校於是復用許多甜言蜜語，使余個人亦復依此方針去做。其後彼更坦白直言，倘若德國對於中國欲施以有力壓迫，最好是遣派大派軍隊，直向長江流域而進，必能如願以償。

當余與該皇子談話之時，余大半諦聽不語。惟告彼曰：吾輩十日以來所討論之鐵路問題，純以直隸聯軍之行軍情形為出發之點；余所注意者，只是聯軍在冬季之際，得一穩固基礎而已。余對於俄國所欲者曾經特別遷就，（而對於英日美三國將軍之要求，則設法拒絕）使俄國得有修築及管理該路之權；但附以下列條件，即該路須專供聯軍利益之用；以及該路車輛等物，得在余所命令修復之楊村——北京一段中，行駛利用。

該上校既而乞余允彼前赴旅順，謁見海軍提督Alexejew會談此項鐵路問題，以請該提督之允准；或者此項允准，該提督尚須先向聖彼得堡一詢，亦未可知。該上校更補言曰：陸軍中校Linewitsch誠然為直隸方面俄軍之司令，但關於行政事項，則須受海軍提督Alexejew之節制。

余因答該上校曰：余對於往謁海軍提督之行，無所反對；但有一事不可忘者，即吾人條約，業已口頭議定；而且在場人員，一方面為Linewitsch將軍及該上校自己；他方而為余本人以及余之參謀長Schwarzhohoff少將，參謀次長Gayl少將，上校Yorck伯爵。余視該條約，為已經完全議定。至於陸軍上將Linewitsch關於此種問題，必受海軍提督Alexejew節制之說，實使余至為警訝；但此項條約決不能因此再有更改。該上校旋又談到英俄關係；並謂余曰：余到北京將與Sir Clande Macdonald相見，彼為仇俄最甚之人。彼之行動常使俄國受損。又該上校曾於前曰在此晤見李鴻章；彼深信李鴻章曾同時密告俄英兩國，中國軍隊若見敵軍一人踪跡，即將自行撤退山海關要塞，不復抵抗云云。

十月九日之報告
（時在天津）

因為德國遠征隊戰鬥力尚未完全妥備之故，其勢不能用諸廣闊戰區，為大規模之活動。余一直到現在，只能將北京兵力增厚兩大隊，（第一步兵聯隊一，第二步兵聯隊二）並得（法國）師長Voyron之志願擔任運河方面防務，使余之左翼因以穩固。自從現在各種重要武裝運到後，余即著手組織保定遠征隊。蓋余以為對於華人必須表示余之威權，以及應用此項威權之決心。此外余更覺保定府實有佔領之必要。該城人口眾多，為北直隸之首府。據可靠消息，北京逃出大臣，多在該地。

余因獲得英國方面願受法國將軍指揮之一種（令人稱道的）表示，余乃轉請師長Voyron擔任天津縱隊司令一職。

其在法國方面，卻曾發生一些顧慮猶豫，似乎疑余或有其他特別用意。但後來法國方面，乃舉出旅長Bailloud供余調遣。又余甚相信此次余令德軍聽受法國將軍指揮之舉，必能邀得陛下贊許。（按攻取保定府一役，係用兩個縱隊，其一從北京出發，由英國陸軍中將Gaselee率之。其一則從天津出發，由法國旅長Bailloud率之）

陸軍少將Kettler（按此人係統率德軍，隸在法國旅長Bailloud所屬縱隊之下作戰）之人品與法國將軍之為人，以及德法軍官之互相友愛，皆足以使余相信此次遠征隊之出發，必無不和情事發生。余曾指令該兩縱隊之司令，限於七天左右達到目的地。但前進之際，必須隨時聯絡；攻打保定之時，必須共同作戰，總以騎兵張開包圍為佳。倘若此役成功，余當獲得一種精神上最大之勝利。余將對於俄國公使Giers前次向余提出之意見，（謂余若佔領保定，將使中國皇室愈向內地逃走云云）加以否決。其實此君之警告，正足以證明余所取之道，完全不錯。而且據此間屢次所得消息，中國皇室逃向內地之事，固已早經實現。至於對待亞細亞人，只能行使威權，只能毫無顧忌的行使威權，方足以使其感動；此種信念，仍將為余以後一切行動之指南。

余所力謀之大本營移往北京一事，頗遇困難。一方因為山海關——北京之鐵路問題，只能在此地討論解；他方則因運載許多物件所需之運輸器具，尚感缺乏。

現在余已定於十三日開始動員。在此四曰中，必須準備就緒。大部分行李，係用帆船運輸；沿白河而上，約需五日。大本營之運輸用具，今日尚未抵達大沽。所以必須在此另行設法尋找他種運輸器具。至於馬匹一事，則僅能辦到，每個軍官必須之額而已。

余以為此處再將大沽卸船一事，重新提及，實為余之應有義務。

現在我們已經可以預料，當第二梯團運輸艦到此之時，必在一梯團運輸艦，尚未卸完以前。關於駁船缺乏一事，余希望能於數日之內，設法向日本方面採辦，資救濟。但當初裝船不善所引起之困難，則始終不能避免。譬如四千五百箱病院用品，可以等待數禮拜再卸者，卻均放在艙內上層。至於裝載車轅之箱，則埋在該層之下，不能找出；以致早已起船之車身，亦均無法應用。又如大砲之車架，砲筒，砲彈，火藥，分放船內四個彼此距離甚遠之地方，以致各個大砲尚未全體尋出裝好。此外第四步兵聯隊之全體外套，尚係深深埋在艙下。如此之類，不勝枚舉。據今日遠征隊報告，第一運輸艦之卸載，除因天氣關係展期不計外，在十月二十四日以前，尚不能竣事云云。當初在Bremen港口裝船之時，其勢必須迅速裝載，此固為余深知；但辦事者之缺乏專門智識，余亦洞悉無疑。

至於遠征隊之健康情形，現在可以報告者，在天津塘沽方面，尚無嚴重堪憂之處。惟駐紮北京之兩個海軍步隊，卻令人不能無慮。在天津方面，每一萬人之中，約有四百二十個病人；大半均係輕微痢疾，而傷寒之症極佔少數。反之，北京方面之海軍步隊，則有二百病人之眾，且多係傷寒之症。因此余擬等待前此增派之兵抵京後，即將海軍步隊由北京撤出。如無其他阻礙，余當令其前赴青島。此間病院組織，最為優良；現在設於兩所宏大學校房屋之內。關於冬日暖屋問題，至今尚未解決。——染病最甚者，當為日本；在天津方面，每日亦有五六人死亡。倘若將來夜寒開始，恐印度軍隊，亦將不免於難。

關於山海關——北京鐵路開車一事，余因俄國各種布告素不可靠之故，尚未敢決言何日可以開駛。但余希望十一月底間，或者可以開車。

余對於一切事情，無不努力活動。但因號稱共同行動而事實上卻有時故作相反行動之七國，發生衝突太多，頗難掃除避免。此外凡有關海軍之事件，必須先開『海軍提督聯合會議』而後始能決定。最後更加以各地消息來往，至為不便；譬如此地與北京之間，直至今日尚無電線聯絡；（余希望五日以後，當可設好）此地與山海關之間，直至今日，尚不能通電；由此地送一信函到大沽約需時間二十四點鐘。

現在北京方面，正在收拾前此中國皇后皇帝所居之冬宮（按即現在總統府）以作余之司令部駐所。從本月三日起，已由陸軍少將Hoepfner接收辦理。關於此事，余亦復備受俄國之刁難與欺誑。（按瓦氏十月八日之日記，有云：余自始即曾宣言，余在北京，只願駐居冬宮。而俄國方面，則用盡方法，提出一些不知羞恥之抗議；彼謂冬宮係在俄國保護之下。余則答曰：余若在彼處，得受俄國之保護，當甚覺安適愉快云云）該宮為俄國所保護，曾貼有印簽封鎖。（瓦氏原注：但常常開啟，啟後復封）其中大部分貴重物品，尤其是較大之件，皆被竊去。（瓦氏原注：細小寶物，則已由中國皇室逃時，隨身攜帶而去）余即知此中情形，乃囑咐陸軍少將Hoepfner。從俄國手中接收該宮之時，應使中國官吏參與其事；並製成一種精確什物清單，以便將來德國軍隊勿受竊物嫌疑。（俄國）陸軍中將Linewitsch察知此種可畏之難關，於是設法避免；並不先將該宮直交Hoepfner將軍，一如余之所命；乃係先行交與華人；經過三十六鐘之後，然後再由華人交與該（德國）將軍。

余將盡力妥慎應用宮中一切房屋。倘若中國皇室一有回鑾之望，余自當立即撤出該宮。

十月十三日之報告

（時在天津）

余細察此次攻打北塘要塞之情形，以及根據所得各種報告，乃知俄華之間，必已早有成約；以致中國全體軍隊，能夠安然為有秩序之退出。在要塞之中，發現死屍甚少，而且未嘗俘虜一人。至於山海關及秦皇島之要塞，亦似先有同樣成約，而且似乎由於李鴻章之居中媒介。在山海關第一要塞之中，曾尋出一張紙條，更使此種揣測，得以證實。英國砲艦一隻派遣水兵登陸，竟將早為俄國備好之勝利，忽然奪去。因而英俄間之齟齬情形，又復繼長增高。佔領北塘要塞一事，由海軍提督Alexejew委託彼之隨員陸軍中將Stackelberg為之；其實該中將向與直隸駐軍，毫無關係。大概彼（指海軍提督）欲藉此以助該漂亮將軍（Stackelberg）獲得徽章之故耳。

往攻保定之舉，已從昨日起，開始進行。（法國）旅長Bailloud對於天津出發之軍隊，已下一種極合機宜之命令；而（英國）陸軍中將Gaselee——余曾派遣少校Marschall男爵佐彼一切。——則尚未發出當相之命令。該中將曾於十一日召集各隊軍事長官會議；彼之參謀長常在會議之中，屢次修正彼之意見；迨會議良久之後，彼乃僅命各隊軍官，準於十二日開抵約距北京城南二十公里（約合中國四十里）之某處。此外並無一字道及，開拔時期，偵探情形，行軍途徑，大批輜重，等等。該英國軍隊曾隨身携載足供二十一天之糧食。當余尚未抵此以前，每值共同作戰之際，各個支隊輒作互相競賽之式；此種行軍方法，余亟欲避免，但現在彼輩似乎又作如此準備。

數日以來，諜報頻至，謂天津北京保定之間，以及該處迤南一帶，聚有大批拳隊，從事不法行為；並對於該地居民施以種種橫暴恫嚇云云。此外又復屢接消息，謂保定府駐有大批中國軍隊，——

其人數傳說至為不一，——曾與拳隊相戰。余曾命令各軍，每逢我軍所到之處，均應盡力搜捕拳民，捕到之後，立即槍斃。假如將來察出中國軍隊確欲剿滅拳民，並無願與我們相戰之意；則我軍將領當派員與中國軍隊長官接洽；倘使中國軍隊退出保定，退駐該城南面五十公里之處，（約合中國一百里）聯軍方面當不加以攻擊云云。余已將此意，訓令我軍將領。余之所以如此者，係欲希望或者由此預闢開始和平會議之路。

自增派之軍隊登陸以後，余遂擬將遠征隊分配如下：第一東亞旅隊，長駐北京；第二東亞旅隊，長駐保定；第三東工旅隊，長駐天津。又保定方面，或將同時駐紮一個法國支隊。此外法國軍隊並將繼續擔任天津南面運河一帶之防務。而俄國軍隊則沿駐楊村——天津——塘沽——山海關鐵路，特別擔任護路之責。關於俄國軍隊數目似乎共有兩旅之眾；但余現在業已養成習慣，每遇俄國方面之報告，皆不敢深信無疑。至於北京城內現在留駐一個義大利支隊，與英法日三國軍隊各三四千人，以及美國軍隊一千四百人。因此余以為北京一城，人口數目既遠不如前此所揣之多，又復深受此次亂事損失，現在駐以上述兵額，實屬十分充足；並可擔負北京附近一帶防務之責。在天津方面因有租界之故，較易尋得優良駐紮之所，將留英法日俄四國軍隊，約自二千到五千之譜防守。所有北京及天津之外國軍隊詳確數目，余均不易探得；因該外國軍隊等，迭奉本國政府之命，時時調遷變更，故也。

日來德國遠征隊運輸艦起載一事，頗有進步；因此余希望到了十五日，可以竣事。

軍隊健康情形，現在漸趨惡劣。其主要病症，實為痢疾。近來夜間甚涼，對於站崗兵士，頗感外套缺乏；因而傷風者為數極多；其表現於外也，則為痢疾。從今日起，凡已起船之遠征隊，皆已穿服外套。

十月十七日之報告

（時在北京，又以下之筆記如未特別填有他項地點，則皆北京而言）

司令部之從津移京，係分為兩梯隊，於本月十三及十四兩日啟程。因運輸器具尚未抵達大沽海灣之故，所以余只能利用特向（俄國）陸軍中將Linewitsch處借來之俄國單馬軍車，以資轉運。至於大宗行李及糧食，則用帆船由津運至通州；再由通州陸運到京。所有沿途行經之路，一直至於北京城下，只是一片荒涼毀掠之景而已。（據云：張家灣Tschankiawan從前人口，計有六萬；通州從前人口計有十五萬）沿途房屋未經被毀者極為罕見。大都早已變成瓦礫之場。凡建築較大之物，如廟宇之類，則至少內部曾受重大毀損；所有佛像以及其他偶像，皆已打成碎塊。究竟此種沿著聯軍津京軍路之荒毀地方，其寬度計有若干，余實未能確定；但余相信當不甚寬。從大沽經過天津直到北京之路線上，至少當有五十萬人，變成無屋可居，散處於附近之地。數日以來，通州方面，因帆船起載下載，中國工人得有掙錢機會之故，漸有居民發現。余在天津此側，直至該處為止，尚未曾親眼看見過五十個華人。十月十七日，余抵北京，乃與陸軍少將Hoepfner約定，午前十一鐘，乘馬以入北京東南城角之大門。各位駐京聯軍將領，皆在該處迎候。計日本方面係陸軍中將Jamagutschi，為駐京聯軍將領中之最老者。其次係英國陸軍少將Barrow及Stuart兩人；美國將軍Chaffee及Wilson兩人。此外法義奧三國，則派遣其年紀最老之指揮官來迎。至於陸軍少將Hoepfner則更早已騎至中途迎接。

恭賀既畢，余即開始入城。並以美國及印度騎兵中隊為前導。所有上述各位將領，則騎馬跟隨余後。再後則為余之參謀人員，以及許多聯軍軍官，最後則為日本騎兵中隊。緊接余背之後，則為余之帥旗。當余初入第一城門之際，德國砲隊在城墻之上，開放中國大砲，以為敬禮。而日本砲隊則在余進冬宮之時，立於宮外大理石橋之上，向余致敬。余所行經之路，需時逾一點鐘。沿途皆有軍隊排立於旁。所有逗留北京之歐人無不到場；即華人方面，亦復為數不少，來睹此項戲劇。余之行入冬宮，係先經荷池（按即北海中海）上面一座狹橋；按此路線乃係特別預為選定者；蓋因前此歐人，向來不許經過該橋，故也。

余與各位外國軍官告別以後，即入冬宮，復受使館人員之迎接。余擬於下次報告之內，當再詳細陳述該宮之地位與構造。惟此時已可奉告者，即所有外國將領，均謂余之決定選出該宮以作大本營駐所，真是一點不錯。

上次曾向陛下奏報之往攻保定事宜，今日當已行抵目的之地。但余尚未得著該處報告。當聯軍前進之際，常常發現中國軍隊與拳隊相戰之遺跡。各個城鎮入口之處，多懸已斬拳隊領袖之頭，以歡迎聯軍。余現在深信李鴻章及慶王均欲用其全力，以壓服拳民運動。余更相信佔領保定以後，所有天津北京保定之間，可謂從此肅清完竣。

反之白河左岸，尤其是上游一帶，則尚為拳隊猖獗之地。蓋因彼處至今尚無軍隊派往，故也。余現在要求陸軍中將Linewitsch派遣小縱隊協剿。同時復命法國日本小縱隊由此出發，以肅清之。此外余更令陸軍中將Lessel統帶往北京之第一東亞聯軍第一大隊勿沿兵站路線而上，宜取道白河左岸而行。

因欲使現在扯散之德國遠征隊，依然團結之故，余乃令第一東亞聯隊內之駐滬第一第二中隊，及駐在塘沽的第三第四中隊，各以第二梯隊內之兩個第九中隊補充。所以現在第一大隊，得以整個團結，開向北京而行。

余因應膠州總督Jaeschke艦長屢求暫時增防之請，乃更派第九中隊一個，前往該處駐紮數禮拜。

十月二十二日之報告

聯軍佔領北京以後，其駐紮地點之分配，一如當時各軍攻入該城，最初各自佔據之處。其中冬宮一所，係落在俄國之手。此外該國更於前此一日，已將位在城北十五公里（約合中國三十里）遙遠之夏宮（按即頤和園）佔據。

有所謂『禁城』者，係一種高牆圍繞之長方形，位在皇都中央，為前此皇帝所居。因各國公使及駐京聯軍最老將領協議之結果，將該禁城劃在佔領區域以外，只准各國軍隊得有通過該城之權而已。四門均被佔守；直至今日，三門猶為日本所佔，一門則為美國所佔。余以為此種議決，實屬極為有損之舉。而且此中主使之人，似為（俄國公使）Giers先生。此種規定僅能使華人得著聯軍虛弱之印象而已。余將設法使此種規定加以廢除。因城內連日戰爭之故，所有全體市區，多被毀壞，但該城大部分，卻尚能保存。北京街市之建築，頗有條理，恰與其他中國城鎮之狹路錯雜，毫無計畫者相反。北京城內並築有數條寬路但均未鋪石。凡余所曾經見過之各處中國城鎮，多係土屋相集而成；而北京城內之大部分房屋，則係以石為之。惟大多數建築層數，仍只有一重。

聯軍佔領北京之後，曾特許軍隊公開搶劫三日。（按聯軍係於陽歷八月十四日至十六日，將北京佔領。佔領之後，即正式特許搶劫三日，係自八月十六日至十八日為止。至於德國軍隊則係八月十八日及二十一日始到北京云云。譯者按，此段文字，係譯自瓦氏筆記之旁批，當為印行該書之人所添入）其後更繼以私人搶劫。北京居民所受之物質損失甚大，但其詳細數目，亦復不易調查。（按瓦氏十月十九日之日記，曾云：所幸者，德國軍隊當初尚未到京。至於其後開來北京之軍隊，又皆極守紀律云云）現在各國互以搶劫之事相推諉。但當時各國無不曾經徹底共同搶劫之事實，卻始終存在。

在英國方面，關於此類行軍特長，卻曾被以一種特定方式。即所搶之物，均須繳出，一齊堆在使館大屋之內，加以正式拍賣；如是者累日。由此所得之款，按照官級高低，加以分派，其性質略如戰時掠獲金。因此之故，無一英人對於搶劫之事，視為非法行動。而且英國軍官曾為余言曰：印度軍隊——在此間之軍隊，幾乎全係印度人。——對於戰勝之後，而不繼以搶劫一事，實絕對不能了解。所有此地各國軍隊，無不一致公推印度兵士，最善於尋出各處密藏之金銀寶物。

在日本方面，則對於此種掠奪之物，照例歸於國家。由此所得之款，其數至為不少。據日本某將軍之報告，只天津一處搶劫所得者，即有二百萬兩之多。

至於美國方面，對於搶劫之事，本來禁止；但美國軍隊頗具精明巧識，能破此種禁令，為其所欲。

俄國軍搶劫之方法，似乎頗為粗野。而且同時盡將各物毫無計畫的打成粉碎。

此外法國軍隊，對於各國軍隊（之搶劫行為）亦復絕對不曾落居人後。

開於夏宮宮中寶物，已被俄國掠去之事，余從前曾向陛下報告。倘若當初報告之中，余曾提及，俄國曾將普魯士君主前此所贈中國各物，亦復運往旅順而去云云；則現在余須再將此事加以更正說明，即當時事實上，確曾預將各物準備運往該處；但因陸軍少將Hoepfner之嚴重抗議，業已將該物等交與Hoepfner，現在存於德國使館之中。當俄軍撤去（按俄軍係自八月三十一日起，由北京開始撤退）以後，英國續將夏宮佔據。並詳細查點宮中一切餘存之物。（按瓦氏十月十九日之日記，有云：各處買賣所搶之物，異常熱鬧。在各物之中，有（德國）金剛石黑鷹章一，現已落在第四人手中，最初係為俄人所得）

至於冬宮，則係由俄軍兩中隊駐紮保護。當該宮在太后已逃走及俄軍未佔之數日間，其中各物或曾由僕役偷取，亦為事實之可能者；但其數當不甚大。其他各國軍隊，確實未嘗進據宮內。但俄國卻曾允許他國一些軍官，參觀該宮；不過隨時皆有俄國軍官在旁伴行而已。所有宮中一部分建築物，曾貼有印簽封鎖者，每值此種參觀之時，則暫行撕去。

當陸軍中校Linewitsch將該兩中隊撤出北京以後，對於余前此與彼約定該宮應該直接移交陸軍少將Hoepfner之條件，未嘗實行。——當然係故意如此。——彼係將該宮先行交與中國宮吏。至於陸軍少將Hoepfner自接得消息至著手接收之際，其間相隔，至多只有半日；而且接收之時，並有俄國軍官在旁。

就宮內情形而言，又可證明該宮最大部分可以移動之貴重物件，皆被搶去。除少數例外，只有難於運輸之物，始獲留存宮中。至於皇室所居之房子，——因其狹小之故，不應以『宮』字名之。——未嘗受著損害。反之，其餘宮中之各處房屋，如戲園，廟宇，吏室，倉庫等等之曾經封鎖者，均被橫加劈毀；所有其中存物，凡認為沒有價值者，皆拋置地下以及院落之內。

為收拾宮中房屋，以作司令部駐所起見，曾用九十人，一連整理十日。現在雖已略可居住，但欲完全掃除就緒，則此刻尚不可能。所有戲台裝束，浣濯用品，破碎之磁器玻璃，打濫之什物家具，直至今日，猶堆集各處未被司令部劃歸應用之屋內。宮中有一座極為優壯之建築，據云：係昔日接見公使之地；現在該建築之內以及中寬闊天井之上，均被破物堆滿；此項破物及係前此掃除司令部用室時，所必須搬出者。余見各項破物之中，有數十個打破之擺鐘；大概係因該鐘之盤面或其他五色寶石，曾使當時見者頓生發財思想之故。尚祈陛下放心，余將用全力以使一切由德接管之房舍物件，均常妥為保存。此外所有（中國）太后陛下所用之臥房及住室，余皆特別劃出不用。尤其令余甚為滿意者，即在進據該宮以後，立令海軍大隊兩個，於本月二十一日，集在太后房前，舉行戰地祈禱之禮。

所有中國此次所受毀損及搶劫之損失，其詳數將永遠不能查出，但為數必極重大無疑。所最可惜者，即真正對於此次戰事有罪之人，反受損失極小。又因搶劫時所發生之強姦婦女，殘忍行為，隨意殺人，無故放火，等事，為數極屬不少，亦為增加居民痛苦之原因。

近來秩序漸漸恢復；余可以言者，即自余來此之後，除少數例外，所有（各軍）非法行動，已不復發見。余之要求各國將領，注義軍隊紀律，愛護和平居民，亦正如余之諭令各軍，嚴厲對待拳民一事，同樣不曾放鬆。

十月二十六日之報告

皇上陛下，余因交通不便之故，直至今日，始得詳將攻取保定情形恭奏。

由天津及北京兩地出發之支隊，一如原來命令已於（本月）十八日行抵目的地之前。但其時卻發現一個法國小隊，從天津出發以後，曾經早期前進一段，已於十三日行抵保定。余對此並不覺得法國方面，曾有故意為此詭秘行動之心。只是該小隊長官，途中未見中國軍隊踪跡，因而決以己意向前進行；但到保定城下，即行停住，未入城內。至於佔據該城，則係奉Gaselee將軍之命而行，蓋該將軍於兩支隊開到聯接之後，即行擔任總指揮一職，故也。

該城為直隸首府，據云，共有居民二十五萬。該城之佔領，頗使華人得著深刻印象。蓋中國一般人方面，以及據余所熟知之李鴻章個人方面，均深懼該城佔領，故也。保定城內，夏間曾殺戮各教牧師及中國教徒甚多；甚至於現在聯軍猶在監獄之內，尋出許多殘酷被囚之牧師，加以釋放。因此下令嚴厲搜查，並將中國大吏若干捕獲，余將使彼等置諸嚴厲審判之下。

當余初到中國境內之時，只有天津北京兩處，係用重兵駐紮；而以極稀薄之兵站線聯絡之；逾此之外，（中國）居民便不知有所謂聯軍也者。現在則情形大變。余希望不久天津山海關北京保定府之間，皆將成為余之佔有地帶。

至於余與各聯軍之關係，可以奉告者，即英國人對余，隨時皆極聽命服從。同樣，義大利人以及駐京奧國海軍，亦極喜聽調遣。

日本人自視為完全隸屬余之指揮之下。惟余對於該軍，未嘗委以何種特別使命。蓋該軍於上禮拜曾將其中大部分撤還日本，而擔任此間守衛服役等項職務所需之數，已復不少，故也。此外該軍與基督教國家之軍隊共同作戰，亦嘗發生許多不便情事。

俄國軍隊，在表面上，誠然承認余為總司令；所有形式上之敬禮，亦復未嘗缺乏。但因此短期經驗所詔之故，使余對於俄人一切言語保證，皆極謹慎承受。現在俄國軍隊駐紮天津山海關一段，與余相距甚遠；而且該軍主要責任，係在建築及保護鐵路。因此之故，余近來對於該軍，——除偶爾令其派送武裝小隊以外，——未嘗委以何等特別使命。

其中最稱特別的，實為余與法國軍隊之關係。當余初到中國之時（法國）Voyron將軍對余極為恭順。並曾自述其希望，凡遇作戰之事，幸勿令其落居人後。而現在此種情形，則漸漸變更。Voyron將軍嘗自遣軍隊以作各種小戰，而並不使余知之。此外彼更將前此向余提出，遣送法國軍官一人，前到總司令部聽候差使之要求，自行撤回；並極恭敬的將此舉諉之於彼所奉到的（本國政府）命令，蓋該命令中未嘗提及余為總司令一事，故也。余從前原冀委任（法國）Bailloud將軍擔負從天津向保定出發並有德國軍隊在內之聯軍支隊司令一職，以謀（對法）關係之改善；但是經驗所得，此種辦法，卻只能引起法軍發生藉口需索之事。譬如Bailloud將軍於佔領保定以後，即行提出該城應歸法國保護之要求。其理由則為法軍一隊曾最先行抵該城。（英國）Gaselee將軍應（德國）陸軍少將Gayl男爵迫切之請，將此種要求嚴重拒絕。余自此事變以後，對待Voyron將軍，從此不敢疏忽。

至於美國軍隊，現在留駐北京者，已減至一千四百人，恰與法軍一樣，未歸余之節制。（美國）Chaffee將軍承認余為總司令之程度，只限於常常報告美國駐軍人數之變遷情形，以及對余極盡統帥應得之軍禮而已。

余以為前此曾經報告陛下之（北京）外交方面與聯軍將領間（關於禁城除外）的協定，實有反對之必要。因此特到所謂『禁城』者一遊。余偕所有駐京德奧軍官及使館人員，並隨以海軍兩大隊所組成之戰時中隊一個；於本月二十三日前進宮內，參觀一點半鐘。

此處表現一種昔日莊嚴偉大之態，但亦久已趨於頹廢凋殘。其實此間除夏宮（即頤和園）各宮（即今之總統府）兩處以外，所有一切（事物）蓋無不如此。即皇帝每年領受大臣朝賀，屬國獻貢之所，亦復頹敗不堪。若此種熟視頹敗不加修理之皇室，而竟據有大宗財產，此實為余（所不敢相信者也）所不敢作如是想者也。但在外交界方面，卻流行一種謠言，恰與余意相反，反而且此種謠言，並得駐京已有四十年，各方消息靈通之主教Favier認為確實不虛。據云：（北京）皇室藏有三億馬克之儲金云云。（按係指皇室私產而言，約合華幣一億五千萬元）蓋當中日戰爭之際，皇室方面曾擬將上述數目，存入東亞銀行（德華銀行？）及其他銀行，以謀安全故也。

由此謠言又產出其他謠言，謂俄國方面曾將此項儲金取去，已經運往旅順云云。但照余之意見，此種謠傳，實無確據；而且按照此間情形，儲款必係現金，自余在夏宮冬宮詳細觀察以後，究竟何處能夠保藏此種大宗現金？此真非余所能相喻者也。

余常趁機前往住在北京西北十五公里之夏宮參觀；該宮之地，係一新址。——距離一八六〇年（十月十八日為英軍所）焚毀之（圓明園）舊址，約有一個公里之遙。——而且前臨湖水，後倚山麓，可謂為宏壯優美之作品。（瓦氏十月二十四曰之日記，有云：此處當為中國境內第一個地方，能使余說：『余甚樂居此處也！』）自俄軍撤退以後，為時不過數鐘，即由英義兩軍佔領。彼等（指英義兩軍）審視該宮，表面既未受損，內部亦未打毀，卻與冬宮內面兩個處所之情形不同。但其中大部分貴重物品，亦已被人搶去；此必非華人所為，因該宮鄰近無有華人，而且從俄軍撤出到英軍入佔之間，為時甚短，故也。

現在所有餘剩貴重物件，皆被聚置起來。在英軍方面，則放在一個大廳之內，派人防守；在義軍方面，則裝在箱子之內。至於英軍方面所藏者，其中固然尚有幾許貴重之物；但大部分卻係未具美術價值之品，而且許多已經損壞。余曾詢問彼等對於此項物件，將作何種處置？其答語則為：關於此事，尚在敬候各該本國政府之命云云。余乃作親信誠懇之語，以使Grierson上校注意：倘君等真將各物運走，則將使俄人大為歡喜云云。余相信該上校當能了解余言之意。

十一月三日之報告

現在我們已可看出，攻取保定之軍隊，當其向前進行之際，已收沿途各地暴亂分子受其肅清之效；復因該軍等聲威作用之故，更獲得甚為重大之影響。

余現在甚為喜悅，可以報告陛下者，即聯軍動作之事，雖前此各次，必須待余調解其爭端，而此次則無重大齟齬而完成。此外余尚當報告者，即此次參謀次長Gayl少將之在場，實屬極為有益。該少將頗能該兩縱隊司令，謹依余命而行；並能促使賦性似乎軟弱之Gaselee將軍，行事變為嚴厲堅決。

在余所佔全部區域之內，發現不少拳民；於此足見李鴻章之擔保，極願盡力除滅拳民運動一事，全屬謊話。因李鴻章在中國人民之間，既具有如許勢力，倘若彼能認真辦理，其成效必當遠甚於此故也。

當余駐紮天津之時，因遵照陛下命令之故，對於李鴻章之屢次要求晤談，均加以拒絕。迨余抵北京以後，李氏又託一位介紹人，向余探詢，是否允許晤談；並謂李氏認為此種晤談，實有重大意義云云。余乃答之曰：假若李氏現在請求晤談，余當可以允許云云。但李氏卻遲延一個星期以後，始與慶親王聯名，向余請求，接見某某兩位（中國）大臣。余對如此項請求，立即斷然拒絕。當前日慶親王往謁（德國）公使Mumm之時，該親王乃詢問該使：余（瓦氏自稱）能否在該使館之內，與彼（指慶親王）及李鴻章接談？因彼與李鴻章對於前往冬宮謁余，甚感困難，故也。Mumm君乃依照余意答之曰：此事萬難辦到。

余之為此也，係由於一種根本原則：即對待中國人切勿讓步，切勿表露忙態；因中國人對於每種讓步，皆視作虛弱之象徵；而且余料定彼輩親到余所晤談之請求，不久必當自行遞來。又外交內部情形，現在尚未達到與慶親王及李鴻章切實談判之程度；而慶李二人亦未曾提出彼等確係議和使者之證書。因此之故，余之暫時拒絕接見，當不致遲誤事機也。（瓦氏十月二十九日之日記，有云：余常在外交界之背後加勁，促其強硬。並使其嚴厲反對（俄國公使）Giers。但余卻極望自身萬勿出頭牽入外交談判之中。）

自余身居中國境內五個星期，詳細觀察以來，及深信俄軍當時之撤退北京，與同時俄使之由京移津，以及彼等與李鴻章之往來密切，實發生極惡影響。由此所表出之列強意見紛歧之現象，又使華人膽子一壯，興致復高。最近三星期以來，軍事方面之進行勝利，及聯軍決在直隸過冬之明白表示，雖使華人得一深刻印象；但余尚不敢遽信華人方面業已充分屈服。（瓦氏十月二十九日之日記，有云：中國領域有如彼久大，一個省分之暫時佔領，殊不足以使感痛苦。中國大多數民眾對此，並無一點感覺。或者甚至於始終未嘗知有此事云云。其後瓦氏於一九〇二年，復對此事有所記述。其意略謂：中國一般人之意見，皆以為聯軍只向直隸開戰，而山東及揚子江流域，則為一種中立地帶云云）

余認（俄國公使）Giers先生所提，停止敵視華人之建議，全係一種故意舞弄之縱橫手段。余曾謂（德國）公使Mumm曰：余對於此項建議，決難承認；倘若竟自議決，則余將毫不顧及，凡係余認為必要之一切敵視行動，皆將繼續下去。余對於停止敵視行動一事，只限於下列條件方能認可，即中國軍隊全體撤出聯軍所佔之區域，而且拳民運動亦已業經肅清。

關於中國皇帝回京一事，就熟悉華人情形者之觀察，皆以為若北京一日握在聯軍手中，則回鑾之舉，即不日不能實行。蓋皇室對於中國人民方面，甚難為情，故也。而且專就禁城內皇宮，以及夏宮冬宮兩處之破壞情形而論，余亦以為恐非皇室所能駐紮。此外回鑾途中所需之期，至少須四個星期，換言之，必將達入嚴寒時節，亦當為現刻不能實行回鑾理由之一。又據可靠消息：李鴻章曾令留駐此地之大臣，前往西安府行在，（按原文為濟南府，當係印刷錯誤，茲改為西安府）更足以證明尚無立即回鑾之事也。

十一月九日之日記

（譯者按：瓦氏於赴華途中，及駐華之日常作一種日記式之記述，每隔若干時日寄回德國家中一次）

余之行動，頗為英俄兩國因互爭直隸勢力範圍而生之極端齟齬情形所厄。該兩國軍隊間之緊張程度，業已趨到彼此相見以兵之可能。我們對外政策係不欲與任何一國發生極端惡感，因此余亦當然不應袒護任何一方。當其我們在華北方面，正欲對於英國特別親善一點之際，而英國與我們在長江方面，卻正互相猜疑最甚。至於余之個人，則一方面既負指揮華北英俄軍隊之責，而他方面卻又負統率長江德國兵艦之命！余暫時尚不欲將余之平素詼諧性質，驟為改變，余恐他人處此地位，或者早已憤懣不堪矣。甚間最令余顧慮不已者，只有一事：即此種軟弱情形，盡行表露於華人之前而已。（當時有人曾告瓦氏曰：在保定府中所捕獲曾經謀殺多數牧師之三位體面華人，業已判以死刑；但後來復將其赦免）

十一月九日之報告

余與法國遠征隊之關係，日前報告中曾經述及；當余初到中國之時，彼此關係頗為友善；但在近來日趨惡劣。（法國）Voyron將軍，表面對余，雖不乏相當禮貌；但終有一些秘密舉動，使余極感不樂；法國軍隊蓋欲藉此（秘密舉動）以掩飾其一切行為；並設法表示該軍地位，全係獨立自主。余深知Voyron將軍必受他人之影響無疑，蓋彼之營中常有一種監視之人，立於其側，故也。

至於法國軍隊與德國軍隊之間，其情形極為友善。反之，法英兩國軍隊之間，無論軍官及兵丁，卻皆不甚相洽。至若英俄兩國軍隊之間，則其關係日趨惡劣。（瓦氏十月十一日之日記，有云：俄英兩國軍官之間，有時竟至勢將互相開火之情形。而且英俄法三國軍士嘗各自對余互相詆謗他國軍士為竊賊，為強盜，為放火者。但該三國軍士卻無不同聲指摘義大利軍隊，謂其備具上述三種罪惡）余將盡力設法，以使德國軍隊脫離此種互相爭吵之旋渦。余將利用禮貌，並加以相當顧慮注意，以使各國軍隊合作。

十一月十一日德皇威廉二世自柏林親筆書寄瓦氏之函

一九〇〇年十一月十一日寄自新宮。

我親愛的伯爵！

因我們彼此相隔甚遠之故，遂使我不能不從早作函寄加，以便我所致君之新年及耶誕慶賀，能及時到達君處。所有此次一切經過之情形，皆一一如余所料。在東洋方面，尤其是在中國（彼等）時間極富，（向不著急；）所以（我們）亦必養成習慣，知道不能迅快進行。君之九月二十五日極為詳切有趣之時局報告，昨日已到余手；余立於即晚，偕同（國務總理）Bülow 詳細研究一番。其中所述一切，可謂善於描寫，最能給人一種極為明瞭之景象。俄人一切行動，仍與初時相似，全似虛偽錯誤，正如余之已故叔父Waldemar von Holstein所謂Jalgenholz者是也。（按Jalgenholz一字，似與Galgenholz一字相同，蓋柏林土語往往將G字母，易為J字母，故也。若果係Galgenholz一字，則當譯為『絞首架之柱子』）余對於此事，並不以為愁悶，因余早知如此，未有其他厚望於彼，故也。自滿洲以及彼所最愛之鐵路，一時攫入荷包以後，所有其他在華事件，彼對之皆不再感絲毫興趣。現在彼（之所以猶且周旋其間者）只欲盡力設法使吾人之最後勝利，飽受無數阻礙而已。彼等雖曾為焚燒，搶劫，刺殺，以及『創辦博物館』諸事，（其意蓋謂俄國搶劫中國寶物，而自建博物館）然而彼等卻欲裝作中國之『友』不恤以損害歐人為其代價。余對於君之處置大沽山海關鐵路一事，極為欣慰。（按十一月九日，瓦氏曾電告德皇，謂：據俄國Linewitsch將軍向英國參謀長Barrow之正式報告，所有山海關楊村間之鐵路，將交與瓦氏接管。瓦氏並擬將該路管理，轉交英國。但附以條件，即該路應與各國以同等利用之權）俄國之要求佔有該路，實係一種不知羞恥之舉；請君堅決的將該路置諸（各國）公有之下。倘若俄人意欲全體退到滿洲而去，亦並非不幸之事；因為從此我們盡是『一群少女』（按原文是：unter uns jungen Mädchen，乃係德國一種俗話。其意有正反兩面：正面則謂只是一群天真爛漫，潔白無疵之少女，當然不會為非作惡。反面則謂若是少女群居一處，則無論什麼話什麼事，皆說得出來做得出來）君將該路交與英人管理，而以各國公用為條件，實屬公正合理之至。余對於我們重大榴彈之佳良效果，不勝欣喜；而我們的步砲隊，更是勇氣百倍，雄視一方。余嘗從各種外國人報告及函件中，得知君之駕馭各國軍士，何等超卓！更從聯軍各次戰爭中，得知君之鼓勵將士勇氣，何等巧妙！至於吾國軍隊與其他各國軍隊相處頗洽，最獲余心。現在我們國內所有對外政策方針，亦復如此。尤其特別令余歡喜者，即我們軍士能與法國軍士如此相善。彼此共同作戰，仍係一種最良之黏料。『血是一種特別果液』昔日Mephisto已曾言之。（按此語係出自德國大詩人Goethe所作之Faust劇中）彼此互相認識，互相尊重；尤其是我們兵卒及將士之能力，務使他國知之尊之，以便他國熟曉吾國軍制之優越，將所有對吾宣戰之希望，從此衰滅下去。（武裝的）和平保證，比較一切海牙會議為可靠！我們秋操之經過，極為佳善；地點既美，天氣又好。並有一位法國委員在場參觀，法國久已未派委員參觀，此乃第一次也。一個頗與夏日相似之良好秋季，得以賠補我們今年所過之可惡夏季。因此，所有軍隊皆可長遠開行以及露天夜操。而且禁衛騎兵師常於夜間，緊密連結，行經一百一十公里（約合中國二百二十里）之遙，並包括橫渡Oder河一段！其在白晝，則兩軍團中之步兵師，聯接前行四十到五十公里之遠，亦並非罕見之事！今年天氣久熱，葡萄（酒）收成甚好；蓋因十月天氣之平均溫度，猶在盧氏寒暑表十五度，故也。又其間余已將國事委與一位年少又穩妥之人。（係指當時新

任國總理Bülow而言）

我的可憐媽媽，甚為痛苦。在四星期以前，頗使我們擔憂；現在感謝上帝，伊已漸漸痊愈。惟疼痛之事，仍常常不免耳。——余現在已將君之軍隊冬日用品，以及軍官衣服，均已備定，並且除去舊有背囊，另換一種新囊，除去兩大彈盒，另換一種小盒。請君特別注意飲水，以防疫病；所飲之水，必須常常蒸煮。余衷心希望，上帝佑君護君，上帝將導君進行，一如前此之時。上帝實為君之困時顧問。上帝乃係最好之同盟，為君等在外所急需者。余甚望能因健全有用之和平，以及中國皇帝之回鑾，得使我們遠東商業獲一繁盛發展的穩固基礎。請君問候各位將領；並請對余勇敢軍隊宣布，余對於彼等所有成績，極為贊奬，極為感謝。上帝佑君。

君之常常忠實感謝的國王威廉

十一月十二日之日記

此間買賣當時搶劫所得各物之貿易，極為隆盛。各處商人，尤其是來自美國者，早已到此經營，獲得巨利。其出售之物，以古銅，各代瓷器，玉石為最多。其次則為絲貨，繡貨，皮貨，銅瓶，紅漆物品，之類。至於金銀物品，則不多見。最可歎者，許多貴重物件橫遭毀壞其中常有無價之木質雕刻在內。只有余之駐所，尚藏許多寶物，一切猶係無恙。倘若我們一旦撤出，則勢將落於中國匪徒之手；最後當然加以焚毀。一八六〇年之夏宮，（按指圓明園）其情形正復如此。所有當時英法軍隊之未曾携去毀損者，一自彼等搬出之後，旋被本地居民（？）焚毀。

最僥倖者，德國軍隊當時未能參加公開搶劫之事。天津之戰，我們只有三百海軍參與其役，而艦長Usedom並將彼等聚在歐人租界之內，不准一兵前往天津（城內）至於德國軍士之到北京，則已在搶劫久過之後。余之所以謂德國軍隊未能參加搶劫為僥倖者，蓋以司令長官若見周圍各國兵士，已得各該軍官允許，實行搶劫；或者各該軍官自己，甚至於爭先搶取最好之物；試問將有何法處置？又若（德國）士兵之中，設有一二，頗知避去長官耳目，以滿其搶物貪慾，試問又有何法阻止？倘若我們國內之人，很簡單的相信，以為此間將替基督文化及習俗，作一大大宣傳，而事實上無非只能得一種重大失望而已。吾德自『三十年戰爭』以及法國路易十四之匪軍（侵德）以後，如此毀壞之慘，尚未嘗復見。余在此間，誠然已將秩序略為恢復；公開搶劫之事，已不再見；彼等並依照余命，設法以使和平居民見信。但余一人固不能處處照及，所以現在仍往往不免發生最堪歎惜之事。凡欲對此加以批評之人，余請其切勿忘去者即此間英國軍隊，除極少數之例外，皆係印度人。換言之，皆係異教徒或回教徒。而大宗日本兵隊則更是全係異教之人。（英國）gaselee將軍於攻取保定之役，曾依照余命，將其軍隊駐紮城外露天帳棚之內，因彼深知，倘若駐在城內，則搶劫居民之事，便難加以阻止。

十一月十四日之報告

自慶親王及李鴻章總督最近作函乞余賜見以後，余已允許；並約明日接見該兩大臣。

此間關於偵探一事，極難著手組織。所有內地消息之探知，余多賴天主教牧師之助。而且此種幫助，係出自彼等情願。惟其中極為老練聰明之主教Favier，不幸已於數日以前，前往羅馬，離開中國。臨行之時，曾訓令彼之代表（Jarlin主教）務須盡力助余。因此上校Yorck伯爵進兵（張家口）之時，曾有許多牧師隨營效力相助。余以為進兵張家口一事，極感需要。蓋因北京佔領以後，曾有大批中國軍隊退往張家口，現在尚駐長城以外。（按此項長城即曩曰親王Heinrich殿下，曾經遊過者）換言之。尚在余所不能容忍之近側。此外該地更有許多天主教牧師及中國基督教徒，處於迫急狀態之下。余已命令上校Yorck伯爵，相機便宜行事。倘若該伯爵既達張家口之後，則宜立刻仍將兵隊復行撤退；蓋久佔張家口之心，余因其距離太遠之故，實自始未嘗有也。俄國方面以為佔據張家口，勢將惹起蒙古居民，陷於不安狀態云云，余則僅視此種論調，無非有意故甚其詞而已。（瓦氏十一月十七日之日記，有云：李鴻章與（俄國公使）Giers氏來往甚密；李氏必曾要求Giers，阻余進兵張家口，此實為意中之事顯而易見者）

余將趁此季候情形，尚未嚴寒之時，派遣各種小隊，開向各地巡邏。只可惜現在天氣業已開始不佳，有時竟到攝氏寒暑表零下七度。余甚希望此種現象，尚非真正從此冬日開始之意。蓋大沽海灣起船之事，至今尚未完竣，故也。

因為設法妥為安置軍隊之故，尤其是建設可以生火之房屋，曾用全力以經營之。其中使人加倍不樂者，即自大部分俄軍撤去直隸以後，所有留駐該地之軍隊，其勢不能不重新調動一番。因此之故，前此已經設好之冬日軍營，不得不加以拋棄，再行費力重新建置。（瓦氏十一月十七日之日記，有云：數日以前，俄國軍隊宣言，行將撤出直隸。而且隨即任意離開彼所擔任保護之一段鐵路而去。

後因嚴重電詢（俄國）陸軍大臣之故，彼輩（指俄軍）乃不得不重新接管一切防地；已經放棄之該段鐵路，又復再行佔領）余曾向（俄國）皇子Engalitschew上校，對於俄國此種不負責任之行動，盡量吐露。余近來愈覺與俄人共事及接洽，真是十分困難。凡有所約，皆無確實履行之意。所有一切虛謊與遁辭，輒以必須先行詢問聖彼得堡或旅順為遮飾。倘遇難於答覆之事，則以電報不通為詞。凡此種種，余皆必須常常計及。

十一月十九日之日記

今日余復在清明日光之下，騎馬遊行甚久。余之出遊，幾乎無一次不發現一點新鮮趣味之事。今日余復尋得一座大廟，距此並不甚遠。——在荷池（似係指北海）彼岸之上。——該廟余曾指令獵兵中隊，作為冬日駐所之用。此間所謂『廟子』皆非一座單獨建築物，乃係許多建築物集合而成；外邊更以高牆圍之。即係尋常小村之廟，至少亦有五座建築物，集合而成。至於廟門之外，常有一座屏風，當然係用石頭建成，如欲入廟，必須迂繞而過。此項屏風乃係抵障魔鬼之用，蓋魔鬼甚不喜行迂道，故也。魔鬼一物，在中國國民生活中，頗有重大關係。通常魔鬼之來，係從北方，因此所有保障亦多設在北面。譬如北京北門進口之處，並非正面一直通入，必須由左或右兩面，繞道而進。同樣理由，皇宮北面出口，特以煤山遮置於前。——此項煤山係用人力堆成，體積甚大。

十一月二十日之日記

如何而能達到和平，以及何時始可達到和平，現在余尚絲毫不能預察。歐洲各國之利害關係，彼此完不同；一種誠心合作，實為絕無之事。即或對於某項問題，業已意見一致，然而彼此在實際上，卻仍互不相信。因此，余之責任，殊不輕易。其中尤感困難者，即法美兩軍，只在某種限度之內，屬余指揮之下。此外更有一事，亦復發生困難不少；即八國軍隊，皆各自有其特殊之行軍主張，紀律訓練，軍官地位等等。但余相信，直到今日，余對各事之應付，皆頗得法。不過所有一切處置，往往必須與余心中所欲為者，甚相懸殊耳。余與各國之間，每日皆有發生爭執衝突之可能，但究竟於事何益，因此余遂設法避免。

十一月二十日之報告

余恭奏皇上陛下，本月十五日余曾接見慶親王及總督李鴻章。李氏首先到此，慶親王則遲二十分鐘始來；兩人共在余處，計有一鐘之久。

從談話之中，余遂覺得，該兩人均有急望和議開始之意。余曾謂彼等曰：『和議之事，可望於短期之內實現』但余個人卻因此間外交界內部對於議和條件協商緩慢之故，究竟何時開議，固絲毫未有把握。余並要求該兩位中國地方有害，而且亦與中國信用有關。

余對彼兩人，屢次明白宣言：聯軍決在直隸過冬之準備，現已十分妥貼；至於余之個人，在此尤覺異常安好，此間佳美天氣，與余極為相適云云。因為李鴻章先生最近曾經大膽向著使團指責聯軍行動，謂中國居民深受其苦之故；余乃向李氏聲辯曰：現在為害中國良民之真正暴徒，不僅是尚未肅清之拳民；即李氏自己部下之散為小隊駐在省內各地者，亦復如此。現刻已經屢次證明者，即往往全村居民，一見中國軍隊將到，便全體逃走。反之許多村莊居民，對於聯軍之來，卻極為熱誠歡迎。余因要求李氏，設法速將彼之餘部撤出直隸而去；因直隸為余佔領區域，故也。如此，則余將停止一切敵視行動。至於佔領區域之範圍：余係以北方則自長城山海關以至於張家口西面之山西省邊境；西方則自山西邊境以至於Heischukuan（黑松關？）；南方則自Heischukuan（黑松關？）起，東向以至於海。

李鴻章請余賜給彼之差官一種通過護照，以便前往接洽現尚存留省境之軍隊。余乃答之曰：余固深知彼與其部下消息，甚為靈通；但余亦可發給護照，不過必須先將該項差官所持之命令內容見告，方可。彼或當（由此）了解，余對於中國官廳，必須其誠心依照余命而行者，方能容忍通融。

今日余曾前往答拜該兩先生，在慶親王處僅作一番無關重要之交談。但彼要求從速開始和平會議之意卻曾表示出來。

余給李鴻章先生一圖，其上余曾劃有上述佔領區域之範圍。李氏頗嫌其過於寬廣。余因答之曰：余不能再將其減小。李氏承認余在北京方面因懲罰多數盜賊之故，已將該城秩序完全恢復，可謂成就不少。李氏又求余准彼組織機關，以幫助（聯軍）軍事機關維持秩序。余從李氏屢次提及進兵張家口一事之中，可以明白看出，此次進兵之舉，頗使彼深為憂懼。且由此又足以證明余之進兵該地，可謂頗得其道。李氏亦復求余，應用全力，以使和平會議從速開始。又李氏自謂近來未接皇室方面新鮮消息。

余相信若無（俄國公使）Giers先生繼續釀成之種種拖延，則『和會預議』早已結束。

余毫無疑義，該兩位中國使者，因其本國利益之故，甚以為應當從速議和，雖受重大犧牲（指和議條件而言）而不惜。但彼等卻又甚慮反對黨在皇室方面，獲得優勢。

十一月二十三日之日記

今日余曾到中國戲場之內。中國人極嗜戲劇。北京方面設有不少戲園。最富之人並往往築有私家戲場。余曾被（中國）年老商人邀請多次。直到最後余將請帖領受之時，於是大演宴戲一次。余與隨員人等備受優禮迎接，並導入特設雅座之廂內；其中安置被有桌布之桌子一張，除了此地無時或缺之清茶之外，更有香檳酒，果子，糕點，雪茄煙，等等，以享余等。最初開演兩則毫無意義之短劇。所有女角，皆以男子代之。蓋因女子素來極少在公眾之前露面也。同時並雜有音樂於其間，足使石頭化軟；或者說得切實一點，以便使人頭痛。所有觀劇之人，坐在小桌之旁，大抽煙筒，飲茶吃果，亦復同樣喧譁不已。中國人常常高呼『好』字，以代替（我們）Bravo（按即『妙哉』之意）一字。終場更以王侯厲鬼戰士等等跳打一陣；此種跳打技術，實為余生平尚未見過者。當余挨過一點半鐘以後，復坐余車之中，於是不勝慶幸，（得離苦海）。

十一月二十四日之日記

此間戶部尚書（立山）曾被太后垂詢，是否應該續繼攻打使館？該尚書乃力諫其不可。於是太后直唾彼面，端王復以足踢之，立命拖拉出去。迨至兩鐘以後，此不幸者業已斬去其首矣。當時寄在廟內之屍體，現在擬改葬城外家墓之內。該家屬係與慶親王有戚誼；並曾向余請求派遣衛兵護送出葬。Eulenburg伯爵願任斯職，並由余給以司令部護衛騎兵隨行。該項葬儀，係由早晨八鐘直至晚間黃昏之時。許多送葬之人，站在廟門之外，或抽煙筒，或相話語。繼而主要孝子——係死者長子，被以白衣；按白色為此地之喪色。——走出廟來，將身伏在跪墊之上，開始高聲痛泣，所有其餘孝子，亦復同聲相和。痛哭叫喚一刻鐘之後，該長子遂站立起來，抛一瓷盤於空中，旋即墮地破碎。現在喪殯隊伍，乃動手出發。最前行者為死者生前所騎之馬，被以極華麗之鞍勒。隨即繼以巨大靈柩，並用重被及皮貨覆蓋，係由三十二喪夫抬運。其後更跟著三十二位喪夫，以為換班抬運之用。最後則殿以無數送葬者之喪轎。在未出葬以前，已經用過一次清茶點心，對於衛兵更享以雪茄香煙。並焚燒許多紙張，其上——當然係因亂離時代之故，——曾寫明此項紙張之用意何在；譬如金錢數目，亦註在其上。在此十五公里長途之中間，曾停住早餐一次。每遇過橋之時，則燃燒一種紙物，抛在空中，以使魔鬼遠去。即葬之後，又是煙茶詳談一次。李鴻章之秘書官某，係死者之戚屬；今日特來余處，以喪家名義，向余敬謝十分友助之誼。當彼行入房之中時，遂在余前『磕頭』換言之，即是彼倒身於地，以額撞之；而且撞得有如此之猛，竟至眼鏡直從鼻上落下。又此君乃係一位曾受教育之人，嘗寓歐洲甚久，能說熟練英語。

十一月二十四日之報告

敬祈皇上陛下，准余在通常的電報呈奏及書面報告以外，再為下列之恭謹議述。

余自接任東亞司令事宜以來，常將占領煙台之事，放在眼中。當本年九月二十五日，余在該埠海灣之時亦嘗思及實行占領之計畫。迨余熟察中國現狀以後，乃得一結論：即攻取該埠之事，實不困難；加之鐵甲艦隊之助，尤為容易。關於軍事方面之難題，只是繼續占據該埠，以及防守陸一面，兩事而已。德國遠征隊所負之繁複責任，將因俄軍不久撤退之舉而益增，實無再行分兵占據煙台之餘力。——至少必須兩個步兵大隊，一個砲兵中隊之眾。——尤可慮者，為直隸海畔結冰一事，將使登陸軍隊（指煙台方面）與遠征隊大本營之聯絡為之斷絕，以至於三月之久。假若政治局面無其他變化，余當於重行駛船之時，換言之，至遲當在一九〇一年三月一日，著手攻取煙台。蓋因中國方面即或和約不久成立，而支付賠款之事，則只能十分逐漸緩慢實行；如此，則占據煙台一地，對於德國，實係一個最為適宜之質物。究竟其他列強實行類似手段至於何種程度？以及列強之間如何能夠辦到一致？余皆不能預斷。因余囿居此間，對於政治局面，不能一覽無餘，故也。

因政治方面每受軍事行動影響之故，——其實幾乎常常如此，因為余與七國軍隊，皆有關係。——所以余常引為已任，凡與陛下政策有礙者，皆設法避免。余常盡力，在英俄兩國利益絕對相反之間，譬如鐵路問題互相激烈衝突一事，每每居中，不袒左右。並且常常聲言，余對於鐵路之所有權問題，決不加以斷定，所注意者，只聯軍共同利益一點而已。

英俄兩國軍官之間，其相仇有如此之甚，必須余竭全力以止雙方決裂。英人與法人之間，亦不相和；英國軍官頗不願與法人交際。至於俄法兩國之友誼關係，其在中國方面，卻未嘗有所表現。法國第一次派遣來華之軍隊，全係殖民地軍隊，極無價值。當彼等開到北京之際，以及京中作戰之時，均受一般人之輕視，尤以我國軍隊輕視法軍形諸於色為最甚。同時法國公使Pichon先生，又是一位公正廉直之人，對於俄國政策，尤其是（俄國公使）Giers先生之行動，卻正不滿意。以余個人經驗所得而論，此間外交界蓋無一人相信Giers先生者。余以特別周到及十分禮貌之故，現在又與（法國）Voyron將軍，極相融洽。彼似乎曾作報告，寄與本國（政府）極為贊譽余待法國軍隊之態度。在天津保定以及其他各處兵站地點，德法兩國軍官之間交際交來，極其自然。而且一般法國軍官，將軍當然不在其內，嘗謂報仇思想已成過去殘餘之物。因為聯軍各國利益不同，與夫行軍，軍法，紀律，軍官位置，以及其他等等之相異，更加以余與法美兩軍關係之不密切，所以互相衝突之機會不少。但余以此種衝突，對於陛下利益，有何好處，因此余除保持地位必須之爭執以外，皆設法避免。余現在可以言者，即此種避免，幸已辦到。余與各聯軍司令，皆甚相洽。彼等關於普通禮貌及軍事敬禮方面亦素不缺乏。余對於（俄國）Linewitsch將軍曾經兩次嚴重干涉，對於（義國）Garioni上校，曾勒令彼撤回已經發出之命令，但彼兩人，均未嘗因此介意。

即或世界各國對於總司令一職，不甚加以重視；然陛下之提議設置總司令一職，卻對於全局促進不少，此固陛下可以確信無疑者也。余曾見及此間混亂狀況，若無總司令之設置，只有愈趨糾紛之一途；而現在則此種混亂狀況實際上業已消滅，變成一種令人堪受之現象。聯軍軍事行動之統一，不但華人方面深覺不安，即俄人方面亦殊感不便。余曾令人細察Giers先生之行動，彼常與李鴻章不斷的來往；並常代中國方面說話。彼更設法提議停止敵視華人行動。對於極有成效之保定府張家口兩處進兵事件，又復竭其全力以阻余。

俄國自佔領滿洲以來，十分心滿意足；似將逕與中國結一分割條約，或者現在此約業已結成。而法國方面則依照余之觀察，大概未具與此分割條約類似之野心。該國（指法國）似有其他特別計畫多種，正在進行之中。該國常常特別表示熱心天主教務，設法接近羅馬教皇，以冀復得異教國及回教國中天主教徒之保護職責，當然為其上述特別計畫之一。此外則擴充後印度（安南）之領土，當亦屬於此項計畫之中。

余之行抵大沽海灣，雖然九月二十六日，（譯者按前面報告曾謂行抵大沽為九月二十五日，與此略有差異）而開始大規模進兵之舉，則直至十月十二日方才動手者，其原因專係德國軍隊未曾準備齊全之故。蓋當時尚甚缺乏可用之馬匹及運具，故也。余寫至此處不能不恭謝陛下，賜余此種　有趣味，最長見識，之司令位置，以及由此重新表現之天恩信任。願上帝賜余聰慧及力量，使余得盡責，以令陛下滿意。

下列一段文字，係瓦氏作於一九〇二年；題為『煙台』因與上列『報告』有關，故附錄於此。

當余尚未啟程赴華，逗留Wilhelms höhe之時，余嘗聞知皇上，對於海軍提督Bendemann之行動，不甚滿意。因皇上曾令彼相機占領煙台，而彼竟自未嘗實行，故也。皇上對於此事常常表示極為不滿之意。其根本思想，當然係在大大擴充我們山東（膠州）地盤；甚望能將該省大部分均置諸自己勢力之下，以作『瓜分』中國，我們應得之部。

至於余個人一九〇〇年九月二十五日之觀察，則以為若利用鐵甲艦隊，不久可將該塞指煙台之塞攻下。即只用巡洋艦，亦復可以成功。但攻取（煙台）一事，當初卻尚不能談到。蓋彼時一般意見，均謂聯軍只與直隸開戰，所有山東省揚子江等處，皆係中立地帶。因此之故，海軍提督Bendemann在余未到中國，以及鐵甲艦隊尚未開至以前，其力雖亦足以占領煙台，但彼卻能謹慎從事，未嘗實行占領；因曾顧及軍事與政治兩面，故也。關於政治方面之原因，余在下面再述。至於在軍事方面之原因，則係當時果將煙台攻下，其勢必須駐軍防守，而Bendemann之兵力，對此卻極嫌不足。並且當時艦隊尚有他種責任在前，如攻取山海關要塞，幫助遠征隊起船，等事，更安有餘力為此。

迨余抵華之後，余對於調用德國軍隊解決直隸以外之事，更復不敢思及。至於德國軍隊武裝之未曾準備齊全，尚在權且置諸不論之列。此外如果攻取煙台，其勢必須增防膠州。而況該處德國（膠州）總督，固早已自覺其兵力之薄弱，嘗請余之援助。（山東巡撫）袁世凱對待我們，頗具好意，同時並盡力剿除拳黨。假若彼現在（因膠州之故）必須起來抵抗我們，則膠州勢將瀕於十分危殆之境。因為我們從此又惹起一場山東戰爭，以代替直隸戰爭，故也。

余即知皇上此種希望，所以處置此事，最為謹慎細心。余固雅不願自取『怯懦小子』之令名；但余亦卻不願輕啟一種戰爭，其結果為我們所不能預料者。因此之故，余遂決定對於此事，暫勿過問。而況遠征隊之準備未竣，正好給余以柄。並且余亦自思，待到德國遠征隊戰鬥力全備之時，冬日已將屆臨，關於海戰一事，——因大沽海灣為冰所封之故，——無法進行。但皇上對於煙台卻未嘗一刻放懷，可於Schlieffen函中見之。蓋該函之中關於攻取煙台一事，固未嘗直接命余為之，但卻向余特別解說提及。余之報告中，對於此項問題，常極小心從事。因余深知，對皇上，若故意拖延時刻，往往可以達到目的；若直接拒絕不為，則照例不能達到目的。當時Schlieffen對於皇上佔領之意，未嘗加以諫阻，以及外交部（或者明白說一點，當時國務總理）未曾加以有力的反對，余皆至今莫明其妙。蓋因佔領煙台所惹起之政治影響，無論如何，必非令人可以樂觀者也。

第一步，英日美法各國軍艦，甚或義國軍艦，均將立刻開到煙台。遣兵登陸，略似上海方面情形；將使我們此後對於煙台之一切行動，皆一一受其阻礙。日本方面一定提出抗議，因該國在煙台之商務甚盛，不欲受損，故也。或者英美兩國亦將提出嚴重抗議，因英美兩國只欲戰事限於直隸一隅，以免其他中國各地之英美商業，受其妨害，故也。俄國方面似乎勸勵我們力向山東擴張勢力，一如我們所願；彼之真確希望，卻在促使我們與英國日本發生齟齬、法國方面當然對於凡與我們發生不利之事均甚暗喜；或者法國——因俄國之慫恿，——曾經故意勸勵我們，擴張勢力於山東，以引我們與美英日三國發生衝突。於是我們竟負破壞列強勉力所成的共同行動之咎。（或者可以說是，我個人獨負其咎，因我未嘗奉有一定命令而為之者也）換言之，我應該違反我所引為己任之（對待華人，應該表示列強一致的）主要責任，而為之。我若為此，實為華人所希望所算定。倘若發生激烈衝突，則我們勢將自取大辱而終。蓋只須日本一國之力，已足以逼令我們退出亞洲，如其我們不自願全軍覆沒，同歸於盡。假定當時我們果真將山東大部分據為己有，試問所得效益何在？占領該省所需之兵額，即以全體遠征隊為之，仍嫌不足。更加以長期占領，所需經費甚多，頗難獲得國會方面通過。而且我們僅因一點未定利益之故，而占領一種最易被人攻擊毀損，最為戰時敵人注目之地，無論如何，實係一種危險。最後還有一層，倘若中國秩序恢復以後亟謀山東方面脫離我們羈絆，試問我們力量果足以對華宣戰否？換言之，其結果亦無非自取其辱而已。

現在余因欲應付得宜之故，而且自信余能深知皇上之為人，於是乃用一種甚為特別之方法。自大沽海灣結冰以後，海路進兵之舉，因而數月之內絕對不能實行。余乃上書皇帝，一待冰解之時，余當立即占領煙台。余之為此（章奏）雖余之參謀長亦不知之。余在天津方面，調集兩個步兵大隊，一個砲兵中隊，聽候差遣。所需運輸船隻，亦復隨時準備妥貼。倘若一旦下令進兵，無須長久預備。余因自思，現在皇上到此，必能對於此事，加以靜思，並與他人討論。而且國務總理或有這一點聰明，對於此事之危機，加以認識。此外余亦深知，皇上共不欲用冒險方法以為之。余對於此次之事，幸未失望；蓋在二月初間，余即奉到勿攻煙台另候朝旨之命。（余之參謀長）Schwarzhoff大為驚訝，當余向彼追述從前背彼所為之事。余實已達到余之希望。即皇上亦不能謂余為缺乏鋒利之人，以作大本營中諸位先生津津樂道之材料。此次事件在歷史方面，誠然可以顛倒敘述，一若余從前真有攻取煙台之心也者。而不知在實際上，余乃係力謀避免攻取煙台之人。余之達到目的，係以此事之責任歸諸皇上。余相信余之此舉，不僅對於德國，而且對於全世界，皆可算著一種勞績。

十一月二十五日之日記

（今日為）星期日及死者紀念日。余在城中第一步兵旅處，參與祈禱之禮。其中大部分參與人士一直留到晚間聖餐之時。此間情勢本來令人易發深省，但據余所見，可惜成效甚少。其最大原因，當然係此間行軍方法，最易使人變成野蠻之性，喪失同情之心。對於所有權之觀念，亦復不甚明晰。其在德軍方面，我很希望將來，總以少參加此種征伐異教民族之戰爭為佳。軍中譴責與重罰之事，常常有之。但在他方面，我們亦不應忘去，我們兵士所處環境之難。彼等日視其他各國軍隊，公然出賣搶劫所得之物，以及無數華人對於本國同胞，尤其是無人留守之房屋，加以搶劫，並出售其贓物。當其我們步兵大隊出征保定，離去營舍之時，因該隊營舍之面積甚大防守較疏之故，竟被華人所搶掠。

現在可以引為欣慰之現象者，即華人常赴北京請求保護，因各處拳民漸已化為盜賊隊伍，故也。因此曾派小隊前往圍攻各該地方，其結局常將犯罪之人加以槍斃。由此而死之人，究有若干，實永遠不能調查。至於華人方面，對於此種處決死刑之事，很少印象；此地人士蓋已養成習慣，對於一條人命，不甚加以重視。中國行刑之時，大概多在城中很窄的地方，亦不舉行何種儀式，常有許多本地居民前往觀看行刑，而其他偶經其側之人，更復泰然來往，（不以為奇）我們所最不能了解者，即素稱怯懦之華人，而能如此安然就死，無動於懷。在此無數處死華人之中，余尚未聽見一人曾經略為表現一點恐懼或動情之痕跡。

十一月二十八日之報告

前此曾經簡短電奏陛下之與俄協商，移交楊村山海關鐵路及撤兵直隸兩事，余現在可以再為續奏如下：（俄國）Kuropatkin將軍曾經向余指定正月一日為『俄國式』之最後期限；但彼亦曾宣言，如余希望早日移交，彼亦願意照辦。（俄國）上校Engalitschew侯爵，曾密告余曰：關於此事，在聖彼得堡方面，意見極為紛歧，直至最後Kuropatkin將軍之主張，乃得貫徹。彼之主張係從下列觀點出發：即中國長城應作為俄國勢力之南，至於直隸則宜委諸其餘列強。Engalitschew候爵更補言曰：依照彼（指該侯爵自己）之意見，俄國自佔領滿洲以後，業已十分滿意，其餘將悉聽列國各自取償所失云云。余相信上述意見，當與事實相符。余亦相信（俄國公使）Giers先生與李鴻章之間，業已成立一種堅定條約。彼兩人之親密來往，不僅若余個人特別注目，即法國公使Pichon亦嘗向余言曰：彼（指法使本人）甚相信，所有外交團內部之協議情形，李鴻章蓋無不立即聞知云云。（按瓦氏曾有一文，記述十一月三十日與Engalitschew上校之談話，其中有云：俄人日與李氏來往，余相信彼輩（指俄人而言）曾經暗助華人遷延和議之事，以使我們及英國受損。此間俄國代表Giers與Uchtomski，真是兩個怪物）在此種英國仇俄最甚之際，而且余又備見雙方向余互訟日益激烈之情形，今欲避免嚴重衝突起見，先將該項鐵路直接由余親自接管，以後再行轉交英國管理。

中國皇室預備言和之跡象，近來愈益昭著，正如今日余上陛下電奏之中所云。現在華人方面，業已確信，不但我們軍隊決定在此過冬，而且我們武力亦已遠及京外各地。據現在業經證明者，當我們進兵張家口之時，曾有中國軍隊八千人至一萬人，飛向山西境內奔逃。此事頗使華人方面得著深刻印象。更加以保定府之占領，法國軍隊前鋒，一直驅至該城南面五十公里左右之遠，（譯者按約合中國一百里）愈使印象益深。

至於占領皇陵之舉，余實未曾參與。因余以為此種舉動，恐有傷居民宗教情感之危，故也。但現在余乃察知此種顧慮，完全錯誤。蓋中國本朝陵墓，分為東西兩處，所謂東陵者，約在北京西北一百公里之遙；所謂西陵者，係在北京西南一百公里遙遠之冀州地方。歷代皇靈，或葬東陵，或葬西陵，大抵輪流為之。所有陵地，皆在風景幽秀之處，場面極為遼闊，當作聖地看待。倘若皇陵一旦被侮，則該朝皇室勢將無顏以見人民，威信從此喪失。自法國軍隊占領該處以來，誠然似乎不免發生一些法外行動，但對於陵墓卻未損及；現在竟因此引起中國皇室之無限憂慮，蓋深恐其陵墓之一旦被人毀損也。此外最使其特別恐懼者，即因此不能照常視墓祭墓以敬先人。——若欲了解此事，當然必須先知崇拜祖先習俗之意義方可。——因此之故，此項占領之舉，竟能逼使中國皇室方面，不得不偏向屈服一途，此實為此間熟悉中國情形之中，所同聲承認者也。

十一月二十九日之日記

昨日得著一個甚可悲痛之結局。Yorck伯爵竟以忽中煤毒而亡。此種迅速逝世，頗使我們全體頓受深重激刺；我個人尤為特別感動；全軍由此喪失一位良好多能之軍官。

今日余帶多數隨從乘馬而出，出訪余到現在尚未遊過之祖廟。三個大殿之中，均無佛像，乃係專用以崇敬先生者。余等行入神聖屋子之中，此處當從來未為歐人足跡所辱；或者除了皇室人員以外，只有少數華人曾經到此。幾個齷齪守廟之人，屈於威力，初甚驚愕，繼而乃將門戶開啟。每個大殿之中，皆設有壁龕，以位全體親屬；其陳列次序係以尊卑為準。在壁龕之中，置有美麗匣子，以藏族譜家史。在壁龕之前，置有椅子，並配以刺繡甚美之絲質坐墊；當其致祭之時，則虔想已故祖先，似乎坐在椅上一樣；因此間人士皆相信死者靈魂，故也。此種崇拜祖先祀典，為一切華人所奉行，實有一種極美之思想，為其基礎；由此以使民族團結，並用以補充該國僅僅限於倫理學說之宗教思想。

倘若吾人一旦理解此種崇拜祖先之俗尚，則對於許多中國事情，皆可從此領悟。譬如生兒眾多之夫婦，常是一種幸福，因父母此後常受多人崇敬，雖至死後，亦復如此。端王斬首一事，恐難辦到；蓋因斬首是一種不名譽之死，而該王之子又有繼位天子之望，彼將因不能崇敬紀念其父之故，而喪失天子之資格矣。中國現在的皇子是一位極為可憐之人，毫無一點勢力，因彼未有兒子，永無享受後裔崇敬之日，故也。

十一月三十日之日記

余欲增廣智識起見，余特乘馬往訪總理衙門；換言之，即中國外交部，也是。自俄軍撤出北京以後，由德國衛兵守護，其實無非保護一座完全打毀之破爛房子而已。俄軍前此曾將其痛搶一次。該衙門正與其他各大衙門情形相同，建在一條狹窄污穢橫街之上，係由多數房子聚成；各房皆只有一層，而且往往互相交錯成為角形；其外則繞以牆垣。余略一過眼，即已看夠；當余復離此種殘碎污穢之混亂地方以後，乃不勝慶幸，（脫離地獄）此處昔日曾經作過帝國外交部之衙門，若非居留北京四個星期以後，萬不能令人了解者。由使館區域直至該處之大街，現名為克林德街，蓋因卑怯之暗殺事件，係在此街所為故也。

十二月四日之報告

當余到京未久，即已使余目光注及中國國有天文臺。因法國使館人員曾訪余之參謀長，並請其代為稟余，允准該使館將天文臺之幾種儀器，運往法國。此項體積甚大，古銅所製之儀器，（天球之直徑為兩個公尺；以及四分儀，六分儀，等等）係第十七世紀末葉，康熙在位時代，由荷蘭牧師Verbiest所製設。此項儀器立在東面城牆之上，露天之下，已有二百餘年。在科學上固已無甚價值，而在美術上則具有極有價值。因承載此項儀器之偉壯龍架，其雕刻工夫極為完美，故也。又法國方面謂該項儀器之一部分，係在法國製成；或者係由路易十四賜送中國。如果此說不虛，則亦只限於該項儀器中之某一種，其形式及製法顯與其他各種不同者。對於法國使館此種請求尚未回答以前，在十一月初間，法國師長Voyron將軍，又復遞來一函，要求允其運去此項天文臺儀器。余對此事之定奪，係以下列數點為前提。第一，此種儀器確是中國國有之物。其次，此種儀器係存在德軍所佔市區之內；依照此間通行習慣，應作德軍戰時捕獲品看待。最後，預料將來德軍提出戰事賠款數目之時，其勢難全部得償；因此該項儀器，至少可以當作賠款之一小部分代價看待。由上述種種原因之故，余遂以為如果運取此項儀器之舉成為事實，則德軍當首先有此權利。但余在他方面，又以為對於法國方面之希望，只要可以實行者，亦不妨讓步承認。因此，余遂決定該項儀器，一部分歸於德國，一部分歸於法國。至於分配之事，係由余之參謀長與法國長官Marchand中尉，會商而行。對於法國方面，首將其中一件——或者——來自法國毫無美術價值之儀器歸之。但該中尉對於該件卻自願放棄不要，而在德國方面則亦早已允將該件留置北京，決不携去。此外天球儀器一件，係為德國方面保有。其餘儀器八件之分配，則對於法國方面希望，多所遷就。（按瓦氏十二月七日之日記，有云：所有我們親愛聯軍朋友們，業將一切搶來之美術財寶物品，送回（本國）家中而去，其中許多物品乃係屬於私人產業）

此外尚有一件不甚重要之事，即昨晚美國將軍Chaffee曾提出下列一種形式內容，均不合式之抗議，此事現在似已了結。

『Having heard that the astronomical instruments are being removed from the observatory, an officer of my staff went there yesterday and on his return confirms the report. I have the honour to inform your Excellency that my government would vehemently denounce any officer of its service who might enter upon spoliation of this sort, and it will sincerely regret to learn that any nation with which it cooperated to relieve the besieged legations in Peking authorizes or permits its troops to injure or remove any instruments or other part of the observatory. As commander of one of the four cooperating columns which relieved the legations on August 14th, I make to you respectful protest in this matter and shall inform my government of the fact.』

『曾聞各項天文儀器正將從天文臺中取去，余之參謀處軍官一人昨日曾往該處，歸後乃將此項消息證實。余今忝叨榮幸得以奉告閣下者，即敝國政府對於本國軍官中，如有意圖實行此類搶劫之事者，皆將加以嚴劾。又敝國政府更將惋惜不忍聞者，昔嘗共事救助北京被困公使之某一國，今乃明認或默許部下軍隊，損害或取去天文臺中之某項儀器或其他部分。余以參加八月十四日營救使館四隊司令之一的資格，茲特對此事件，向君敬謹抗議，並將此事，稟達敝國政府』

余立刻將此公函，並附以下列回信，璧還。

『余忝叨榮幸，得以恭謹奉告閣下者，即今日來函所述天文臺儀器一事，無論其外形與內容，皆使余不勝驚異。余對於此類宣言，殊不敢接受，因此謹將原函送還閣下。不勝恭敬之至』

余在此處，更有一事不能忘奏者，即昨日午後吾德公使亦復來函述及，中國將軍蔭昌因受慶親王之命，特來請求設法撤消此項搬走儀器之議。

十二月八日之日記

（按此日日記因與上段報告內容有關故原書提前附印於後）

前答Chaffee一信之效果如何，余殊懸念不置。直至昨日，彼始寄來一函，對於此次誤解，表示惋惜之意。並詢余是否准彼今日十一點鐘來謁，以便當面表示惋惜。余乃立刻答之曰：余對於此次事件，蓋已認為完全了結，無復介懷。並請彼於十一點鐘之時，不要勞駕，請改在一鐘之時，前來余處早餐云云。彼於是立即贊成。其後彼在余處坐談兩鐘。吾二人分手之時，有如好友一般，余對此當然十分欣慰。究竟此次事件，是否將引起政治上之影響，余尚不能預察。余所知者，美國人於外交方面之來往，每有粗率無禮之行動。最近數年以來，如Samoa與Manila兩次事件，我們亦常身受其經驗。一直到今日，余總算是勝利者；究竟柏林方面是否較余此處更要恐懼美國一點？不久當可證明。余並承認Chaffee此次了結此事之行動，全係一種『君子人也』Gentleman之態度。

十二月五日之日記

李鴻章命人告余，彼對於和議條件，業已略為研究；倘若將來該項條件咨送彼處，彼希望和議於四星期之內，可以告成。余因兩月以來常與華人來往之經驗，對此頗為懷疑。蓋實際上每與所說完全相異。而且現在一般人之推測或者不錯，彼等謂中國尚無絲毫誠意議和，現在只是故意拖延我們，以待除了俄國之外，其他各國亦復漸漸脫離共同行動；譬如美國以及日本，即有此種趨勢者也。

十二月六日之日記

余往訪（法國）Voyron將軍之後，又往訪（英國）Gaselee將軍，以及彼之參謀長Barrow將軍，彼等駐在一個未經破壞之衙門內，安排布置甚善。Gaselee是一位極為和悅之人，其餘大部分英國軍官，曾與吾輩往還者，亦莫不溫和可愛。與吾輩往還之英國人，大半皆曾服務於印度。吾輩與彼等交際較為親密，實已毫無疑義；但此乃當然之事，無足異者。

十二月七日之日記

余聞俄美兩國報紙，曾經將余攻擊，謂余對待華人未免過於強硬，因此致使和議遲延云云。此種言論無非表示彼等心中惡意，以及昧於情勢兩者而已。假如當初余未到此，則今日北京三哩之外，恐尚不免敵人軍隊圍成半圓之形，而中國人方大笑吾輩不已。只因特別強硬毫無顧忌以對待彼等之故，乃得使其就範。（按瓦氏十二月五日之日記，亦云：余只尋得法國方面之贊助，彼等（指法國人）常照余意，對待華人，特別強硬）

關於要求中國賠償之數目，係由列國先行提出一種各自要求之額。但由此積成之總額，卻非常巨大。據所謂『中國通』者流之推測，中國方面實無能力支付此項巨款云云。現金支付之舉，當然萬無其事。實際上只能從抵押關稅及賦稅兩種著手。但此處卻有一個問題：即假如中國不支付，又將如何？其答案則為：列強宜各自設法取償所失，分佔中國一地云云。此種答案未免過於容易。蓋俄國方面固願為此，因彼即將滿洲明白據為己有，而同時又深知一旦實行瓜分，列強之間必將立即發生不可解決之利益相反問題。在我們方面，唯一之道當然是占領煙台以及一部分山東；但余殊不敢料日本方面對此，竟能安然坐視。假如英國方面雖有威海衛之關係，而對於吾人行動，仍不加以干涉者，亦無非希望我們在揚子江流域，全讓英國自由行動，以為交換條件耳。但此事我們卻不願為。因為我們在揚子江流域，具有重大商業，而且我們彼處商業之繁盛，業已遠超英國之上。（但此語瓦氏後來曾自行更正，認為當時觀察錯誤）法國方面，則欲從（安南）東京方面，以擴張其勢力；但在該處又將與英國互相衝突。日本方面意在占領廈門，但其餘列強，又復不願坐視日本為此。美國方面似乎希望大家皆不要占領中國。在此情形之下，究竟有誰能解此種糾紛。關於山東之價值，論者意見極為紛紜。有謂山東為膏腴之地；並富有易於開探之礦物云云。而反對方面，則又謂此種論調，一部分全係謊話，一部分則言過其實云云。余之意見，則以為無論山東貧富與否，我們可以置諸不論，宜以青島膠州為滿足，（不必再行妄求）我們於此得著一個煤炭站口與優良軍港，皆為我們所最希望者。只圖占領土地，將使我們發生無數困難，財政為之破產。倘將來中國恢復元氣之後，我們實無能力獨向中國開戰。

十二月七日之報告

余相信聯軍大隊人馬發現於山之彼方，直入外國軍隊足跡至今尚未到過之地，更加以各種懲罰之舉，頗使居民得著深永印象。此外聯軍在直隸西北部分，亦已將中國官軍逐盡。因此之故，余認為進兵張家口一事，實有極大效果。只是支隊第一軍事長官伯爵Yorck上校之死，致使此次效果，留一可痛之黑痕。

現在嚴冬已臨，預計將有若干星期之久，始能過去。又因直隸方面似乎已將中國軍隊逐盡；以及拳黨紛擾之事亦已逐漸減少；所以余在最近期間，當不再為大規模之作戰。但余欲保持軍隊常常活動之力，以及欲向中國居民繼續表示駐有外軍在此起見，將隨時派遣小批軍隊出發。現在聯軍行動至是既已告一小小段落，則余對於德國遠征隊之情形，實不應遺漏不報。茲特恭奏如下：

所有全軍蓋無不兼程並進，曾歷許多新而且難之境遇；而駐宿及氣候之諸多不便情形，尚未計算在內。彼輩處此，頗能勝任裕如。從最老軍官以至最幼兵卒，皆只有一個希望一直貫徹精神煥發之全部軍隊，即速赴前敵作戰以盡其職而已。關於軍紀一事，直可稱為至佳。但其中余有認為不能避免者，即我們在此一部分暴動紛擾之國中行軍，更加以聯軍各國兵卒所示與吾國兵卒之惡劣模範，於將竟將我們素來對於人道以及所有權之觀念，不免引入艱難試驗之中。余決定嚴厲整飭軍紀，以保德國軍隊令名，甚望陛下對此放心。

十二月九日之筆記

（按此文不屬於『日記』之中，係瓦氏另外特別記述者）

和議之事，至今猶未動手，真是令人不可思議。此間外交界已商議了許多禮拜，常須徵詢本國方面之意見。聽來聽去，永遠都是這句老話：不久當可開始。其後忽有一國發生一點疑惑，或者某國之回答猶未接到。譬如英國方面近來即是如此。究竟為何如此？此地殊不明瞭。但其間卻有一些跡象可以察出者，即我們與英國之間，必有一種齟齬發生。據余推測，其原因當與前此數次情形相同，即柏林方面未能適當進行，只是盲目摸來摸去。

因我們曾與俄國齟齬之故，大家遂以為我們可與英國協調；其實乃是萬無之事。彼此互相懷疑之心，未嘗一刻稍衰，其主要關係當然是在揚子江流域。（譯者按，原書之上發行者曾加有小註，謂瓦氏當時對於十月十六日所結之『揚子江條約』似尚無所知）英國以揚子江為彼之勢力範圍，並欲在該處堅築基礎。在我們方面，當然是很希望其他列強均不承認英國有此特權。揚子江為中國中部最要之水道，對於所有列強，皆應門戶開放。此種互相懷疑之心，使余尤為明白感覺者，即一方面我們時常注意偵察英國戰艦與軍隊在該處之一切行動；而他方面英國每在上海看見我們船隻太多，則又往往深滋不悅。至於我們與英國之間，或可維持永久友誼一事，余固始終未嘗信及；現在更使余之此項意見愈益加堅。余寧肯偏向與俄親善一途。在德俄兩國元首個人之間，儘管有所隔閡，而我們之政策，卻不妨與俄國政策相輔而行。反之，我們與英國之間，因我們所抱世界政策之故，彼此時常發生衝突機會；說得切實一點，我們與英國乃係一對天然之仇敵，而且勢將永遠如此下法。其實世界之大，本足供給我們兩國各自發展，互不相礙；無奈英國之貪慾，卻時常超過令人可以容許之界限。

皇上對於此次中國事件經過情形，勢將十分不悅。贖罪之舉至今尚未履行。重要禍魁至今未處死刑。其他列強，至少有一大部分，皆主張提出賠款，不要過多。但是皇上之意，卻不僅在賠償戰費一事，而欲除此之外，還須另得一筆大宗款項。就余觀察而論，若欲從外交界方面以達以願，似乎萬無其事。

其間最令人悲歎者，即各國與華人周旋，何等溫柔軟弱。各國對於所有殘忍屠殺教徒牧師，直至最近猶復發現於山陝境內之事，所有打毀各處教堂及牧師宅所之事，所有侮辱墳墓之事，所有自古未聞圍攻使館兩月之事，均已似乎忘去。倘若皇上對此，深為苦惱，余實不能加以非難。

俄國對外政策，就大體上而論，本有固定軌道，以赴一定目的；惟在中國方面，則其政策殊動搖不定。其原因當係由於（俄國兩位大臣）Witte及Kuropathin意見紛歧之故。最初，俄國方面聲稱，天津山海關間之鐵路，無論如何必須占領云云。因而俄英兩國之嚴重衝突，其勢不能避免。而現在俄國方面，又忽然將此問題打消，並明白宣言，彼對於直隸方面，興趣殊少云云。俄國之所希望者，係隣接一個衰弱中國，嘗受俄國勢力支配。因此，俄國亦復甚望中國皇室速返北京，以立於滿洲主人（係指俄國而言）勢力之下。但以如此地廣人眾之中國，又安能容忍僅距京都一百五十公里之遙，即與強敵境界相接。於是俄國之政策，所能達到者，只使華人取消北京之首都資格，另建國都於中國內地，以便中國政府避免俄國勢力之壓迫。其結果俄國將從此獲得一個——假如中國能夠恢復元氣，一如余所相信者。——很可注意之敵人。

十二月十日之筆記

假如余在昨日曾經發生一種感覺，似乎我們與英國方面，近來不甚相洽，則現在此項感覺，更是愈趨強顯。Mumm先生（按此人係德國駐京公使）亦正與余之觀察相同。余初以為僅是（英國）將軍方面，發生一種變調而已，現在乃知Mumm與其同事Satow，（按此人係駐京英使）亦正復如此。此外今日余更從（俄國上校）Engalitschew方面聞知，現在（英國）海軍提督Seymour，正與南京武昌督撫會商，並以金錢接濟該兩督撫。該兩督撫對於英國方面，當然從此特別親近，而與我們則將愈為疎遠。

十二月十二日之報告

余曾在十一月二十一日之報告中，恭奏陛下，余將努力組織一種『統一的中央機關』於北京，以使該城之行政管理，較為劃一有序。蓋該城各區為各國軍隊所分駐，至今猶係各該軍隊司令，依照自己原則，分別獨立管理，故也。現在余已獲得（美國）將軍Chaffee同意；而（法國）將軍Voyron則至今對此，猶復不願放棄其獨立資格。因此，自本月十日起，除開法國區域之外，對於北京全城特組成一種『管理北京委員會』其職責係包含一切公安秩序，軍隊營養，居民糧食，衛生事項，財政稅務，等等問題。其組織係由各國軍隊司令所派之委員，集合而成，而以余之參謀員陸軍少將Gayl男爵，為其主席。余意法國區域之除外，雖使此項新組機關；不免發生困難與減少效果，但余卻相信其餘都中各區之安寧秩序，不久當可得著顯然成績。（按瓦氏十二月十一日之日記，有云：各國軍隊司令之為人，皆頗通達；倘使彼輩不受政治方面之影響，則彼此甚為容易接洽）

十二月十二日之日記

（德使）Mumm告余，和議開始之期限，現尚不能預察。該使之意，以為英國故意拖延，以使俄國生怒。每次協議之中，（俄使）Giers與Satow兩人之意見，總是十分互相背馳。至於余之觀察，則以為此中實缺乏一位具有魄力之人，以為指導。因此我們殊不必引以為奇，假如華人對其仇敵，不勝取笑作樂之至。

十二月十七日之日記

李鴻章現在稱病；假如事果確，則余將不勝愁悶，因和議之事，又將由此展期，故也。但余卻疑彼係故意假病，蓋余近來頗疑彼實有心欺弄我們，彼只是做出那種非常恭敬而且友誼的樣子而已。

李氏稱病之消息，余係得自（俄國上校）Engalitschew；今日該上校復向余，將英國人之罪惡，長篇講演一次。彼謂英國嘗暗中與李鴻章交涉云云。換言之，彼所言者，正與其他各國誹謗俄人之語相同。此外著名大斯拉夫主義者俄國侯爵Uchtomski，（據說係俄皇之友）到此已有若干時日。彼雖寓居使館之內，但舉動卻極謹慎；此間外交界對彼，頗有詭異莫測之感。

十二月十八日之日記

只因英國方面過於精細緩慢之故，每每解釋一字，不惜虛耗時日，以致直到今日，猶不能與華人開始議和。美國駐京公使Conger，為人甚屬明達；彼來謁余，並對於現在此種緩慢進行，極為不滿。彼相信現在可與中國從速議結和約，以便氣候一旦宜於退兵之時，立即撤出北京，於是北京方面又得成立一個正式政府。

今日余接得一種通知，使余頗為驚訝；云有一位荷蘭少校來，作余之軍事隨員，聽候差遣。此真令余深費思索，究竟彼應擔任何種職務。

昨夜所到之郵信，共有三批。因此余在一時之間，忽然得四十封信，二十一張風景明信片，以及各項到期報紙。各種郵片現尚不斷的由德國各地寄來，其中含意均甚好，只可惜大部分皆望余作答。余從報上得知余於十月中旬，曾在北京病痢。此項消息係由一位英國訪員惡意為之。因彼曾到天津余寓，被逐而去。此類人慣釀不幸之事，其結果使余親屬大擔其憂，不免電報往還，並使余不得不感謝德國方面關心人士寄余治痢藥品或告余治痢方法。

余每晨常於七鐘即起，夜間則決不遲過十一鐘上床。因余每日須聽余之參謀長報告兩次，須寫許多回信；此外騎馬乘車遊行及早晚兩次用餐，均需若干時間，所以誦讀工夫不多。幸而余尚得免各項報紙來擾。關於新聞方面，余讀Wedekind通信，實已十分滿足。

十二月十九日之日記

北京城在各種旅行筆記中，常認為世界上第一污穢之城市，可謂一點不錯。所幸者余居宏壯冬宮之中，並有遊行寬道，圍繞荷池，得免污穢之苦。只有余到本城街上，然後始覺污穢之說，並非虛語。但余前往街上之事，卻不常有。北京街上之污濁，真是令人可怕，城中並無公家清道夫之設，所有一切殘物皆隨意拋在街頭，以聽犬鳥前來為之掃除。因此城中常有大批全野或半野之野狗，飽嚐人肉，因為圍攻時代所積之死屍，約有十四日以上之久，未曾搬運掩埋，故也。野狗之外，助以烏鴉；每於傍晚之時，但見萬鴉群集，飛墜禁城屋頂；此外尚有許多喜鵲與猛禽；此項猛禽因其有益之故，所以不加射殺。因此，華人所愛之鴿子身上，皆繫有小鈴（報警）鴿子群飛則奏出一種非常新奇之音樂。此間貓不甚多。高貴人家則以飼養小犬為風尚；尤以特別嬌小，可於婦女袖中藏之者，為最上。又此地大馬不多，只有一類小馬，但很適用，很肥闊。至於拖載之事，則多利用騾子為之。此外兩峯高聳之駱駝，用作運輸畜牲，尤為常見之事；每日皆可在途遇見大批結隊而行。更有一種東洋車，係由一個苦力拖拉，以為運輸之具；每行一點鐘，其車價大約三十到四十非里徐。（約合華幣一角到二角）

十二月二十一日之日記

余對於外交團意見已歸致之樂觀，未免太早；因余頃聞美國公使於昨日猶提出一種異議，故也。從前各國業已公同議定，所提各項和約條件，均係『不能加以更改』Irrévocable；而美國方面，乃於最後一點鐘之時，復覺得此語，未免過於強硬。現在又將為此瑣事，以使時光虛度。

十二月二十二日

（之報告）

皇上陛下，承賜臨時帥笏，實使余不勝幸福之至。此項帥笏已於今日到此，余對此美麗頒賞，惟有敬將感謝之忱，置諸皇上足前而已。並望余能勉盡厥職，以使陛下滿意。

此間之所以未曾發生巨大戰事者，一方面係由華人有意避免戰爭；而他方面則由聯軍各國，除義奧兩國外，皆不願再有其他攻取行為。當前此進兵保定之時，（英國）將軍Gaselee曾在天津向余表示自願參加之意；但此舉業已不能取得英國公使之同意。此外該公使對於進兵張家口一事，亦復不贊成。其結果Gaselee將軍仍向余言，倘余再有其他進兵計畫，彼將不復獲得（英使）准其參加之允許矣。

至於法國軍隊，則自始即受有本國政府之命令，對於中國軍隊務宜隨時設法避免衝突。因謹守此項命令之故，竟至法國軍隊與中國軍隊同居天津保定路線之旁，卻彼此相安無事。（法國）將軍Voyron雖然否認此事，但事實具在，不可掩也。俄國軍隊則在余初抵直隸之時，即已開始撤退；所有沿向山海關鐵路一帶之各次小戰，僅係一種防禦性質而已。蓋政治方面自始即替行軍方面預設無限阻礙。

因此之故，余之軍事行動，只能一方面限於肅清大部分直隸境內之中國軍隊，彼等亦復時常迅速撤退，（不加抵抗；）他方面則限於安輯占領區域內部而已。對於未曾發生劇烈戰事一層，所有德國遠征隊中，從將軍以至於兵卒，實比任何人均要懊喪一些。倘一旦隊中某部適與華人交鋒，則無論其為屬於官軍或拳黨，無不嚴厲對待，此誠足使斯地永久不忘者。因此而死之華人，其數極為不少。所有全體德軍皆為一種朝氣所瀰漫；余對於陛下之東亞遠征隊實不能不稱為具有超等能力，善於應付一切之軍隊。

十二月二十三日之日記

昨日深晚時候，余自城裏復歸宮中。如此明星滿天之美，實為余生平未曾見過。當余穿過皇宮寂寞深院，以達荷池岸邊之時，忽聞音樂之聲；第一東亞步兵聯隊之樂隊，正在瀛台之上，（是即從前光緒皇帝幽囚之地）演奏"O du selige, O du fröhliche……"一曲。（譯者按，此係德國耶穌聖誕之歌）余生平聽此古曲，次數何等之多，相愛何等之深；今日在此異教大城之中，其聲音一直響徹無數佛廟，實使余得著一種最為深刻之印象。余乃靜立不動，以至最後一音已經息響之時。

（德使）Mumm先生今日以和議條件見示。該條件明日即將交與中國議和大臣。余覺該條件十分不備，重要問題如賠款總額之類，均未加以確定。如斯作品，竟需兩月工夫之久，此真足以充分表現（聯軍各國）之一種散漫分裂情形也。大凡同盟聯合，均帶幾分弱點；蓋三人團結，已屬困難，今乃更欲十人同在一帽之下，（安能辦到）華人方面固知之甚確，倘若彼等（指華人而言）即或堅持不讓，而聯軍亦復不能超出直隸以外大用其兵。在事實上，聯軍各國——余想德國亦包含在內，——亦真已領教夠了，只願快快結局，愈早愈妙。

十二月二十六日之日記

余對於教會問題之研究，曾經不遺餘力。據余所信，時人每將中國排外運動，歸咎於教會方面，實屬完全錯誤。中國排外運動之所以發生，乃係由於華人漸漸自覺，外來新文化實與中國國情不適之故。鐵路建築，將使全體職工階級，謀生之道減少。——我們於此，最易聯想到昔時歐洲方面，亦曾流行之相類思想。——更加以築路之時，漠視墳墓，以致有傷居民信仰情感。（瓦氏原注：在中國方面，巨大墳園一如我們公共墓地者極為罕見乃係無數單墳，散在田野。因修築鐵路地基之故，未曾常常加以重視）此外了解鐵路有益於國之明白人士，為數甚少，因而建築鐵路，尤易引起不良反動。近年以來，瓜分中國之事，為世界各國報紙最喜討論之題目，復使中國上流階級之自尊情感，深受刺激。最後更以歐洲商人時常力謀損害華人以圖自利，此種閱歷又安能使華人永抱樂觀。至於一二牧師，作事毫無忌憚，以及許多牧師，為人不知自愛，此固吾人不必加以否認疑惑者。余以後尚將再為提及此事。此次中國仇外運動之所以對付牧師最為激烈者，實以牧師在一切外僑中，最易被人捉獲。所有牧師大都結為小群，散居中國全部；換言之，實係毫無防禦之力。反之，歐洲商人則只在少數通商口岸，如廣東上海天津煙台牛莊之類；群居租界之中，常在列強保護之下；而且租界居民自身，亦皆常有自衛之設備。至於中國內地方面，只有少數歐洲商人，彼輩雖亦設有支店，但多為華人所忽視。即在北京城，歐洲商人亦無居住之權。

對於教會方面，我們必須將天主舊教與耶穌新教，分別而論。天主舊教在華之年代，遠較耶穌新教為久；且有嚴密之組織，而以大多數最稱靈敏之主教統率之。彼輩皆深曉聯絡官廳之道；至於華人方面本已早經養成敬畏官廳之習，倘若一位主教深知取得官階之道，則其所給印象，當然迥與一位貧窮孤立之新教牧師不同。此外天主教會復恃金錢及組織之力，建設病院孤兒院育嬰堂之類，更能特別表示其偉大力量。因為天主教徒在此工作，業已二百五十年，所以彼輩已具有數代信教之中國教徒，以及中國牧師；有時全村之中，俱為天主教徒所居，更使天主教會之基，得以堅固。至於耶穌新教牧師，則必須從國籍上加以分別討論。德國牧師殊不佔重要位置；除了膠州及其附近，略有若干德國牧師，其餘僅在廣東省內，而且大部分皆在廣州附近，從事活動而已。此外更有Basel（瑞士城名）教會，亦在該處活動。無論德國及Basel牧師，皆曾經過一番精擇；對於彼等職務，亦皆經過良好訓練；因而彼等到處，皆常受人尊敬。彼等雖亦曾經遇著危難，但遠不如其他各地之甚。關於英美教會事實，余實不能詳細批評。但余卻深信，彼等因互不相容之故，常作相反行動，每於事實有損；蓋我們對於中國人，實不能責以辨別，究竟誰個牧師所傳，係屬真理學說。復次，美國方面，常有一種巨大錯誤，——是否一切教會皆係如此，余實未能深知。——即所委任之牧師，往往其人德性方面既不相稱，職務方面亦未經訓練。此輩常以服務教會為純粹麵包問題；凡認為可以賺錢之業務，無不兼營並進。此所以牧師地位因而為之低降，並使教會仇敵得以從事鼓動。余個人即曾親眼見過此類牧師，彼等常以商人資格前來戰時醫院及軍隊營舍之中售賣物件。此外余更熟知許多牧師，兼作他項營業，（譬如買賣土地投機事業）實與所任職務全不相稱。但此只係一種例外。至於大多數牧師，卻皆係令人尊敬，富於勇氣，志願犧牲之人，此實應該加以贊許褒獎者。彼輩之所以被人搜捕者，其原因由於牧師關係者實少，由於外人關係者實多也。中國人對於宗教一事，通常極能相容。前此對待基督教徒，固未嘗使其稍感不安，亦正與對待國中到處皆有之回教徒情形相同也。其後基督教徒之所以被人搜捕追逐，乃係從仇外運動中所演化出來。現在許多牧師業已歸來從事工作；余甚希望彼等繼續工作，懷抱勇氣，一如已往；蓋必如此然後犧牲者之血液，始不枉自流去也。

十二月二十七日之日記

現在最普通之印象，即北京市況於最近數星期以來，又復日趨繁盛。因重兵駐紮斯地之故，金融流通市面，極為活潑。大多數商店，業已重新開門。因為大家已經相信所有各物不會再被他人搶去，一切均將照價付給。我們更復盡力設法，以使華人漸為了解清潔之義。所有街上穢物，均須搬出城外。街燈之設，亦已實行。此外每個華人，若於八鐘以後出外，必須携帶燈籠一個。所有煙館賭場，一律禁止。對於貧民，則特設湯廚二十處。並為彼等設置暖房若干，一如『柏林暖廳』辦法。現在此間乞丐數目，比較前此太平時候減少。其原因係由於彼等所得勞金，甚為豐厚，蓋多數苦力，常從軍隊方面，獲得工作機會，故也。

十二月二十八日之報告

北京城裏，因與中國官廳協力維持秩序之故，甚為安靜。而且居民信任之心，亦復與日俱增。

在明達華人方面，甚至於屢屢表示，深以聯軍離去為憂。蓋彼等（指明達華人而言！）相信在此撤退時期之內，勢將為本地盜匪所利用，大加搶劫，陷於混亂。

現在此間發生一些困難，即中國教徒此時自覺處於安全地位，於是開始求償前此夏間所受之非法損害，並作種種報復之舉；對於其他華人往往施以暴力。而受此暴力壓迫者，又復力向聯軍方面呼救。在教徒方面前此曾經飽受他人之虐害，劫掠，屠殺，不免仇憤滿腔，雖亦儘管自有其理由。但彼輩若向他人橫施暴行，則亦礙難容忍。蓋死由此又將再釀他日被人排斥之危也。現在許多前此逃亡之牧師，又已歸來，從事舊日工作。在保定府方面，天主教徒不少；余曾聞知，所有天主教士及牧師，甚或其人身居德軍佔領區域之內，而遇事亦皆喜向保定法國軍官呈訴；有時甚至於控至德國兵士之事，亦復呈請法國軍官辦理。因此，余乃下令規定，凡有此類控告案件，必須由原告直接呈訴（德國）陸軍少將Kettler，方能受理。又余相信，法國在此，意欲表示該國為異教國中及回教國中基督教徒之保護人；因此，余更向（法國）將軍Voyron提出下列要求，即所有居住德軍佔領區內之中國天主教徒，皆由德軍自行保護照料。

十二月三十日之日記

和議之事，現在畢竟開始進行。慶親王及李鴻章業已發出宣言，謂中國皇帝對於提出之條件，在原則上，已經表示同意云云。余就全體問題觀察，以為——因余深知現在各國皆亟欲早日議結和約。——北京撤兵之事，不久當可協商一致。

當余對於和議前途稍為靜思之時，立刻想到俄國方面——彼現在正將移交鐵路與余，但數日以來，故意遲延，不將合同交余簽字。——現在必將設法，仍將鐵路保有。俄國深知，余已決將該路轉交英國管理，此實俄國方面所最不悅者。余曾與英國委員經過辛苦協商，已將一切議結，今若不能成為事實，則英國方面勢非大為喧嚷不止，而且理由極為充足。俄國於此又復大顯其欺詐手段一次。余之目標，固不在促進英俄兩國之和好，蓋該兩國永遠根本相仇，實與我們有益，故也。但余必須設法，妥為對付，以免其中一國有所藉口，謂余曾經坦護其他一國。至於余與其餘各國，皆甚和好相洽。余處置一切，當然不能聽任余性為之。凡事均須先思而後行。但余相信，余之地位尊嚴，決不因此小心顧慮而有損。倘余對於此間一切爭執之事，未能妥為辦理，則其結果，只足以有損吾皇政策，此固無論如何必須加以避免者。余在今日固猶係一個老兵本色，現在偶作外交客串之舉，此實半年以前，余所未能想到者也。

一九〇一年正月一日之日記

余以健康之軀，開始度此新年；瞻望前途，無限希望。余所處地位，極為特別；究竟一切行事，是否適當，必須將來始能看出。余將沿照迄今所行之途，更向前往；對於一切批評，決以冷靜處之尚有一事使余稍稍滿意者，即余離開柏林四個月以來，未使國內何人，一受諮詢之擾，甚望能如此下去，以至終局。余生平行事，最少向人諮詢，偶然諮詢一次，而其結果並不常常有益。因此余在一九〇一年，仍將利賴余之五官，獨自尋途而進。

今日為英國衛戍軍隊之閱兵典禮；該項軍隊之大部分，係由印度兵士編成。印度習俗常以此日為皇后慶辰，舉行祝賀。（英國）將軍Gaselee乞余代表（英國）皇后之孫，前往舉行閱兵大典，指揮英國國旗行禮，高呼皇后萬歲。又是一番從古未有之事！此間真是令人閱歷不少。在一位普魯士元帥指揮之下，英印軍隊大行其禮而且高呼Hep hep Hurrah不已！余亦不敢忘卻，敬向皇后感謝之舉。閱兵典禮，經過極佳。其間軍裝樣式與兵士肉色，實表出一種五光十色之象；蓋只有在東洋國中，吾人始能看見。余所乘者係一絕美之棕色馬Hosiwu，該馬馳驅最善，使人不勝驚賞。

慶親王及李鴻章現均抱微恙，曾派遣大吏，持片前來余處，（恭賀新年）李氏居嘗語其左右，謂彼與余，極為相洽。而且彼在實際上，亦嘗對余之能持正義，致其感謝之意。在余對待華人往往必須應用嚴厲手段之後，猶能一聞此語，殊使余不勝欣喜之至。余嘗聞華人極尚正義，由此可以證明。華人認為犯罪之後，繼以處罰，實係當然之事。而且處罰即或嚴厲，亦復不以為意。彼等對於斬首之慘，遠不如我們心中所想像。關於此事，今日午後又得一個極為可驚之證明。刺死克林德之兇手，現已執行死刑。自數月以來，此不幸之人，（指該兇手而言）即嘗自請早日執行。至於執行死刑之地，係在克使被刺之處；換言之，係在極為繁盛之街上。雖然如此，而如奇往視之人，卻不甚多。距此不及五十步遠之街頭攤子，仍復照舊營業不歇；在彼飲食之人，殊不願停放其杯箸。一位說書之人，繼續演述荒唐故事不絕；其吸引號召多數聽眾之力，實遠勝於執行死刑一事。

正月三日之日記

余曾與（德使）Mumm先生，對於中國所能支付之賠款數目一事，會談甚久。各國公使之意，至多不得超過十五億馬克。（約合華幣七億五千萬元）余則主張二十億馬克之數，儘可以榨出。而且余之見解，更可加上一重佐證者，即受余囑付嘗到李宅（指李鴻章之宅而言）交際之人，曾向余言，該總督（亦指李鴻章而言）對於列強提出之賠款總額，本來預料當係此數。（按即二十億馬克）

余漸漸認識法國軍官不少，其中頗有極為明達之人。大凡從前曾經參與（普法）戰爭者，現在尚多忍氣吞聲，不免介懷。至於後起之輩，則較能從容思索；時常明白表示報仇之想，實係毫無意義。

現在關於鐵路問題一事，勢將立與俄國發生衝突。俄國方面只以種種約定相許，以為延宕之計。因為時已迫，——至遲（正月）十三日必須將該路移交與余。——余曾致電（俄國）陸軍大臣Kuropatkin，提及此事，後因經過三日尚無回信之故，余今日遂不得不再為明白催促。余對此事，必須顧全英國方面之利益，以免英國人疑余，有意欲將此事冷淡下去。泰晤士報在此地置有一位壞蛋之訪員，近來已經開始攻擊聯軍總司令部中之英國代表（Grierson上校）不盡其職。此事當然只是駐京英使之一種煽動。至於北京天津山海關牛莊及逾此以外之巨大鐵路，乃是中華帝國國有產業；其中誠然參有英國資本，但為數不過四百萬馬克而已。此外在該路管理局中，並置有若干英國工程師。無論俄國與英國，對於該路皆無絲毫權利之可言。但現在彼此均欲管理該路。其第一步係由此以謀在華損失之補償。再其次則為堅築該國直隸方面之強大勢力範圍，亦即彼等主要目的之所在。

正月五日之日記

余在午後日光明媚之下，經過一處市區。余未到此者，已有數星期之久。現在市況亦復十分繁盛。余曾經過數處賭場之旁；此項賭場之中，皆係從早到晚，公開賭博。賭博一事，似為華人主要嗜好；並由各種商店所採用；即使輸贏範圍極為微小，例如一塊肉一個餅以及剃頭梳辮之代價等等，亦復用以賭博。因為信任之心及營業之況與日俱進之故，現在街上婦女已較前為多；誠然只屬於下家人家一流，至於上流婦女則向無步行街上之事，時常深閉轎中，令人抬之而行。我們若欲辨別（中國）婦女之族類，可以從腳上認之；漢族婦女係用人力強成之小腳，舉步極為艱難；滿族婦女則對於此項習俗，未嘗模倣，彼等所穿者，係一種高底鞋子。其實該兩民族之人，甚腳皆不甚大；所以此地鞋匠倘若受人委託製造大靴，一如吾人通常所用者，則其勢必將束手無策，不知如何著手。自滿洲政府當道以來，曾迫令華人一律拖帶毛辮；但對於漢族婦女之怪狀小腳，雖嘗嚴加排斥，亦復未能革除。毛辮為男子之標識，而女子則係以髮纏頭。男女衣服之形式，差不多完全相同，其所異者不過女子之袖寬，男子之袖窄一點而已。此外又因婦女亦復抽吸煙管，恰與男子相同之故，所以我們每遇彼等親族聚坐，婦女小腳未嘗露出之時，極難迅速分辨彼等性別。在滿洲男子方面，鬍子問題亦有一點關係。大凡男子必須生兒以後，始准留一小鬚，抱孫以後，始准留成滿鬚。

正月六日之報告

因為德法兩國軍隊，在北京天津保定以及各處兵站，共同生活之故，所有兩軍青年軍人，彼此來往交際，極為坦白自然，一如余在昔日報告中曾經提及者。在法國軍官中，一直上至參謀人員，屢次表示報仇之念，實已早成過去思想。就余個人觀察而論，彼等所言實與事實相符。余相信在法國軍官之中，只是一部份從前曾經參過一八七〇——七一年之戰爭者，尤其是曾經作過俘虜者，對於怨恨之念，尚未能加以克制。余固深知法國方面之報仇思想，最易一點即燃。凡欲與德親善之法國政府，蓋無不為其敵黨所推到；若遇特別政治情形之時，實無一個法國政府，足以壓服國內報仇之呼聲。話雖如此，但余卻相信，轉機之時間，當可漸漸接近。與余來往之各位法國參謀軍官中，曾因Faschoda一役著名之法國中尉Marchand，亦在其內。彼等嘗公然向余表示，自認為親德派中之人；對於我們軍事設備，尤為贊嘆不已。該中尉曾屢對余言，此間法國將校團對於余待法國軍隊之友誼及細心，均甚欣慰。余並相信，此地（法國）公使Pichon先生，實係一位對於報仇思想甚為厭惡之人；而且彼因在此地嘗與俄人接觸之故，業已變成一位仇俄之人。

正月六日之日記

我們與山東南京武昌三位督撫，不在交戰狀態之中。此三位先生頗能於（中國）皇帝及聯軍之間，設法應付，極為機敏，形成雙方以外之（第三）勢力，使人必須加以顧慮尊重。由此而產出一種極為奇特之現象。聯軍艦隊大本營，自夏間以來，即已靠泊揚子江口；並與駐有重兵之吳淞要塞，甚為接近，可以直從海上明白望見壘上大砲，以及後面操練之軍隊；而且雙方時常皆在準備交戰之狀態中。雖然如此，而各位海軍提督仍與（該省）總督往來拜訪。在山東方面，則該省巡撫現正力促鐵路工程之進行，妥為保護該省教會，做出一種我們第一好友的樣子；並曾向余拍了一個『敬祝新年 happy new year的電報。至於揚子江流域方面，其情形本可愈趨簡單，倘聯軍各國之間，若不彼此互相猜視。蓋英國欲將該地劃作英國獨有勢力範圍，而其他各國——除俄國為例外，因彼之視線，比較集中於北方一帶。——則不顧英國獨具此種優勢。因而各循英國之例，在滬派兵登陸，所以現在該處駐有日本法國德國支隊。余對於增派德軍之舉，——兩個中隊，——認為必要。而且余曾迫切呈請（當局）現在勿將吾國主力所在之鐵甲艦隊召還；蓋因柏林某方面曾有些項召還之傾向，故也。兩次希圖召還之議，皆為余所駁回。

正月十日之日記

今日余曾與俄人辯論良久，對於此中真相，及得明白一二。彼等欲從直隸撤退，僅留兩個步兵大隊，三個哥薩克隊，以及一個砲隊而已。其實彼等若願全體撤去，尤為余所馨香禱祝。在天津方面，俄國只欲留駐一個中隊，但彼卻將許多宏大建築物，如東武庫及大學堂之類，每處可以容納幾個大隊之眾者，獨自佔有。此事將來尚不免發生問題。至於鐵路移交事件，則北京柏林倫敦之間，電報往還不絕，但至今尚未有所決定，令余極感不樂。

正月十日德皇來電

現在英國使館方面，曾向余反對閣下與俄所訂之鐵路條約。蓋英國以此約實有危害該國私人權利之虞，故也。尚望閣下在英國正式提出抗議並吾人對其主張詳加考究以前，幸勿簽字該約。此外余以為處此令人不快之英俄爭論中，德國方面之責任，當可切實卸去，倘若閣下能照日本英國美國十月六日之提議（按即閣下前此在二〇八一號之報告中，所曾述及者）從速召集各國司令共同討論。至於討論之問題，當為：『最有效力之方法，以使——軍事行動所需之——鐵路，從速開始全部工作，並力謀其安全』經過第一次會議之後，為再行減輕我們責任計，閣下最好另以年紀最老之他國司令一人代主其席。至於德軍方面，則由參謀長代表與會。關於法律問題一事，閣下暫時不必直接提出討論。但此事終當自會牽入討論之中。我們所持論點，應為：侵害私人權利，只以軍事行動無法避免者為限；而且對於此項被害之私人權利，應該許以合法賠償。同樣，所有鐵路用品之取留等等，自當在討論鐵路工作能力之時及之。請將前此所擬條約內容電余。

威廉

正月十二日之報告

皇上陛下，余現有不敢遺忘恭奏者，即余覺得美國日本兩國對於德國果然實行占領煙台一事，恐將採取一種不甚友誼之態度。而日本方面更將立刻派兵在該處登陸以答之。（德國）公使Mumm觀察美國所得之印象，亦正與余相同。又現在發展德國山東勢力一事，實際上固無即行占領煙台之必要。而況起自青島之鐵路建築，既日有進步，則煙台之商港資格，更將喪失其重要關係矣。余並相信此種局勢既成之後，則列強對於煙台或將漸漸冷淡下去，不復重視，而德國便可從此不勞而獲煙台。余以為擴充德國山東方面之勢力範圍，以及推廣德國膠州方面之佔有地帶，實比奪取煙台為容易辦到，而且遠不如奪取煙台之引人注目也。在現刻情形之下，萬不可少之鐵路保護一事，——此事將用全力為之，——正授吾人以柄；余對此事，早有從護路大隊中，抽派一個中隊前往青島之意。但因直隸方面亦復需用該隊之故，所以迄今未能實行。一待北京山海關鐵路管理事實重新整理之後，余將立刻對此問題加以研究進行。假如和議之事果能順利辦到，三月初旬開始撤退北京，則我們立刻便有五千人至六千人之眾，以應青島方面之用，並可利用遠征隊之青島兵房以為駐紮所在。我們此種行為，無論任何一國，不能加以抗議。但對於山東巡撫，卻能使其得一深刻印象；現在中國政府，亦可使其稍得幾分警覺。袁世凱先生係屬於明達督撫一統；彼現在竭力促進，從速議結和約。據云，彼之為人，『易受商量』因彼曾經力為輔助德國鐵路礦山事業之故，可以稱為一位促進德國事業之人。余以為如能暗中派遣一個外交代表，前往彼處，實極有益。

正月十六日之日記

一般人嘗以下列各事，認為華人特性。愛說謊，喜偷竊，對於污穢與怯懦毫無所感。余對於華人愛說謊一層完全承認。對於喜偷竊一層亦復承認，但以苦力為限。至於污穢一層，則並非極為普遍之事。我們軍隊曾見過許多鄉村，據云，其潔靜之程度，並不下於德國法國，至波蘭俄國匈牙利則簡直不能相提並論。即在北京方面，余近來亦漸漸發現許多極為清潔之房子。大多數華人在實際上確是怯懦；數百年以來，該國未嘗發生巨大戰事，亦無外敵壓迫之患。一八六〇年英法聯軍之短期戰事，以及最後中日一役，其戰地只限於一部分地方，而大多數華人亦復從不知有此事。因此之故，所有尚武精神，漸漸喪失；而兵士地位，亦極為普通所賤視。現在確實沒有一點尚武精神，以致國家衰弱。彼等為人，不喜反抗，所以易於治理。大凡一位官吏必須對於人民業已十分苛酷搜括不堪，然後始能引起反對之舉。華人此種怯懦情形，誠然不是優美性質，但在一般未負執戈衛國職責之人民中，此種習性又不失為一種善良性情。至於華人性質尚有其他種種例外，吾人可於此次拳亂中見之。即就一般被處死刑犯人之態度而論，——李鴻章在廣州，一年之中曾殺五萬人。——亦常足以證明彼等實具有毫不畏死之精神；倘有一犯露出沮喪之氣，則將為其同死各犯，所辱罵所譏笑。

正月十七日之報告

現在最足令人嘆息者，頹唐氣弱之列強，竟設法阻余越出直隸侵入山西之舉。余從前之意，以為冬日之際，不能再作規模較大之軍事行動；但自余觀察德軍所表現之精神與能力以後，頓覺前此所懷意見，應該取消。

正月十七日之日記

昨晚余接（德使）Mumm先生之報告，謂中國議和大使現已聲明對於議和條件為原則上之接受，並已加蓋御寶，因此對於和議討論範圍，從此已有一個堅穩基礎。

經過許多星期之會議討論，以及屢與柏林倫敦交換許多無用電報以後，今日始將鐵路合同，與俄議結。而且內容一如前此余所草擬者。余甚希望，彼輩或者可以從此得著一點經驗，即此類關於本地情形之問題，余畢竟比較柏林倫敦之外交部，看得清楚一點。到了最後一鐘之時，余尚為俄人所煩難；俄人照例每於閉門之時，尚有種種反對之異議及修改之提議，故也。現在所有北京至山海關之全路，皆在余之手中。關於楊村至山海關之鐵路管理事宜，余亦自俄國手中接得。（譯者按，北京楊村之鐵路，係已早在瓦氏手中）一待兩個星期以後，余即將該路移交英人；因彼輩急欲取得，故也。余之最初論點，以該路為一種軍事鐵路，專謀聯軍利益之用，總算是始終堅持，僥倖貫徹。俄國方面嘗主張『征服之權利』Par droit de conquête，可無恥已極。第一，此項主張僅有一部分可以算是不錯。第二，俄國每遇於己有益之時，則又時常聲言，彼固未嘗與華作戰也。英國方面則又主張該路之中，英國投資甚多，英國僱員甚眾，所以該路實應屬彼云云。其厚顏亦與俄國完全相等。蓋英國所投之資，乃係屬於英國私人及銀行項下，英國僱員，乃係服務於中華帝國，故也。現在余與俄國，幸已脫離。但對於英國，一定還有許多難題在後。

俄國委員，尤其是Engalitschew，今日皆甚愁悶；並聲言彼等乃係被人戰敗之人，而余則為手段強辣之人云云。

正月十八日之日記

在十八紀念日（按此係德國一八七一年之統一紀念日）賀客之中，日本公使（Komura Iutaro）亦在其內。談話之際，彼曾詢余，是否願乘離去此地之機會，一赴日本遊歷云云。余最後，覺得彼之為此，乃係出於窺探之意。彼最終更言，彼相信（日本）皇上如能得余為客，定將十分歡喜云云。余因作下列有限答語：即余極高興一游日本，但此事須待吾皇允許之命，方能決定。余從此處又可看見，日人方面實相信相議不久即可成立。

正月十九日之日記

今日為（俄國上校）Engalitschew設宴餞行。彼係一位年少有妻之人，忽然奉命派在余之參謀處行走，乃匆促束裝前來。彼對於參加中國遠征隊一事，當然非所樂為。彼自始即未嘗一刻忘歸；而且聲稱當時曾經許彼，若屆耶穌誕節之時，當已回到家中。彼對於俄國各種欺偽之舉，必須參加活動，常使彼之個人，亦復深感苦痛。（俄國）中將Linewitsch亦將與彼同行。該中將係一勇敢男兒，舊式教育之軍人。彼每見我們兵士之緊嚴態度，輒中心歡喜不已。彼之全部軍事生涯，大抵都消磨於高加索土耳其斯坦兩地。現為第一東路西伯利亞軍團之司令將軍。彼從未服務禁衛軍中，毫無俄國宮廷將軍之習。

（德使）Mumm先生將中國方面對於使團末次通牒之回文，給余觀看。Mumm甚覺其中語氣不當；並謂所提各項問題，亦復不妥云云。但余細閱回文，對於上述兩種非難之點，卻均未能看出。只是我們親愛的外交官們，遇事如能稍稍強硬一點，（那就好了）蓋此中確實缺乏一位領袖人物。此外（俄使）Giers先生，更是一位永遠不能望其共同行動之人。但是現在和平會議，至少總算已經開始；因此，撤兵問題亦復漸漸接近。余將動手準備一作，蓋余現已深信，（法國）將軍Voyron及（英國）將軍Gaselee對於余之意見，業已大體同意。

現在極不明瞭之一點，即是日本對於英俄兩國之關係。該兩國皆欲爭得日本之友善。當戰事初啟之時，英國方面似乎處於優勢。但是此種形勢，近來漸漸變遷；至少俄人方面係如此主張；彼謂對日關係，已經十分安全；關於劃分高麗方面之兩國勢力範圍一事，亦復達到彼此諒解之地步云云。反之，余又從法國方面聞知，現在形勢又已大變；日本國內對於俄國在滿洲之行動，十分不安。蓋以俄國欲在佔據招牌之下，實行其併吞統治之謀也。但余現在復得俄國方面可靠消息；謂滿洲現象極不可樂觀；該處居民因旅順及海參威方面續派重兵前來之故，人心極為不安。因此余相信（俄國）撤兵直隸之舉，實與此事有關。數日前撤退之一旅（俄軍）現正徒步開往奉天省城。

正月二十日之日記

今日主要之事，大部分為余與中國親王周旋。最初在我們使館之內。來此者計有當今皇帝之兄弟三人，以及堂兄弟一人。彼等係乘馬而來，隨帶無數侍從；因應彼等請求之故，曾派遣三位德國騎兵作其伴護。此四人者皆係極為溫雅之少年，舉止優美，面貌聰俊。彼等穿得齊齊整整，其毛辮之美麗尤特別惹人注目。彼等表示一種極有訓練之禮貌。因其中年年紀最長者，亦不過十有八歲之故，所以實際上，只算是一種兒童勝會。彼等極嘉鋼琴音樂，尤其是聯隊軍樂。其中年紀最長之一人，似將被派為前往柏林之謝罪大使。余相信彼必為吾皇所喜悅。（按此係指Kungjuan親王而言，但其後實際上所派之大使，則為醇王）當前此圍攻之時，彼等皆在北京；其後亦復匿在城中，未嘗出走；直到最近，外間始知彼等尚在京中。伴彼等來此者為蔭昌將軍。該將軍曾久居柏林及維也納，能說流暢之德語；倘遇必要之時，尚會說柏林土話。最近有一次，彼欲穿過余之庭院，為站崗兵士阻其去路，並謂之曰：『苦力，此處汝不得行走』彼乃向該兵（打著柏林土語）高呼曰：『不行，小哥，那是沒有的事』Nee，Mäuneken，det is nich.

但派往柏林之（謝罪）大使，尚有另外兩人，亦在候補之列。其中之一位，即為頭等親王之肅王。彼於午後來訪，此人係一個短小而肥之身材，年紀約四十左右，面貌極平常；彼似乎甚欲求得余之寵愛，但是未能得償其願。彼曾向余言曰：彼現有子女十人，其最幼者年僅一歲云云。余乃答之曰：當然一定還有十個子女繼續而來云云。因而余遂由此獻彼一句最大諛詞；此種諛詞，對於華人，實不妨言之者也。

正月二十三日之日記

各位外交官們，現在公然大起膽來，議決送給李鴻章一個強硬通牒，將於明日投遞。關於撤兵一事，必須先將禍首處死之後，始能道及；此種要求，為華人所熟悉者，已有四個月之久；每次重新申明，終不能使彼等特別注意。我們早已應該實行報復手段；譬如或者派兵占領禁城，或者提出毀破禁城之恐嚇，或者折毀一段城墻，尤其是打毀城樓一事，實為該城之奇恥大辱。但是所有一切行動，只須稍有強硬趨勢，立即遇著俄國方面之困難；而且日本方面近來亦常附和其說。此外英國方面亦不十分可靠；彼但注意佔得長江流域優勢一事；余嘗從Sir Robert Hart（總稅務司赫德）處得以證實，英國方面確有接濟長江兩位督撫多量金錢之舉。

在中國方面，除了皇室及其多數親屬外，實無所謂階級之區別。貴族一物，從未有之。所有政府職官，——九品官級，——係由所謂『文士』之中選拔充任。在理論上，可謂甚美，蓋欲由此造成一種『學識貴族』故也。但在實際上，則全不如此；蓋彼之所謂學識，實屬最可悲觀，故也。凡有欲為官吏者，可於學習若干時日之後，往赴每年一次之考試。第一次之考試在本縣舉行，第二次在本府舉行，第三次在本道舉行（院試？），第四次在省城舉行，第五次則在北京舉行。並於考試地點建築宏大房屋，以為考試之用。其中並為每一投考人員，投有一個號房，其小只足以容納一人一桌，獨坐其中。據云：北京試院之中，共有二萬間號房。因為中國官吏人數，較吾國未免寡少之故，——此處亦為中國民族易於統治管理之一證。——所以此種無數候補人員，能被任用者，比較甚佔少數。其餘大部分不得意之淺學人士，則散布全國之中，傾心教派，易於謀亂。此次拳黨之中，此類人士為數甚多。至於幸得一官到手者，則又無不努力搜括人民，而自己則復為上司所剝削。據一般人推測，中國每年稅收所入，實際上只有十分之一，係入於皇家國庫。

二月一日之日記

昨日蔭昌將軍曾受李鴻章及慶親王之囑，特來余處相告，謂近來獲得（美國）Chaffee將軍書面允許，往遊禁城之人，屢欲侵入住有婦女之院宇，蓋此種院宇至今受人敬重，未加侵犯，故也。所有其中婦女，恐懼達於極點，群謂：倘若再有此種情事發生，決定自戕其身命云云。余因此事，特為往訪Chaffee將軍；彼立即贊成余之提議，出示嚴禁，並貼在住有婦女之處；而且因欲使人特別注意之故，特聲明此事曾得余之同意云云。最可惜者，吾人在此，對於此種毫無紀律之人，有時竟非加以嚴重干涉不可。此類人無論何國國藉均有至於婦女每見敵人將近，輒先閉死其子女，隨即自戕其生命之事，實已屢次發生，至可歎息。

二月三日之奏議

關於近年以來，時常討論之『瓜分中國』一事，若以該國現刻武備之虛弱，財源之衰竭，政象之紛亂，而論，實為一個千載難得之實行瓜分時機。現在所欲問者，只是各國對此問題，究取何種態度。俄國方面，因占領滿洲之故，在最近期間，當可心滿意足。假如現在法國進據雲南，日本占領福建，英國取得長江流域一部分，德國占據山東，則中國方面實無力加以阻止。因此，我們對此問題，必須十分注意，倘或一旦列強對於瓜分之事，果有妥協之望。

但余對於此事，卻認為絕對不能實現。英國極不願意法國進據雲南，日本占領福建。日本方面對於德國之據有山東，則認為危險萬分。各國方面對於英人之壟斷長江，認為勢難坐視。至於美國方面，更早已決定，反對一切瓜分之舉。俄國方面若能聽其獨占滿洲，毫不加以阻擾，則該國對於他國之實行瓜分中國，當可袖手旁觀；蓋彼固深信，各國對於此事，彼此之間必將發生無限糾葛，故也。因此之故，急欲促現瓜分一事，實係毫無益處之舉。

據余在此所能推斷者，幾乎所有列強，皆欲藉建設鐵路，開採礦山之事，在華直接生利以自肥。其結果則各種間接利益，亦將漸漸隨之而生。譬如中國重大未闢之財源，勢將由此日益發現，中國人民之幸福，亦將由此益增，對於各國商業工業，更將從此闢一廣大活動區域。因此之故，預料各國前此參與經營之鐵路事業，不久即將重新著手。此項鐵路事業，在亂事以前，即已一部分實行開工建築，一部分業經計畫妥貼。

最近余所新悉者，只有俄國對華策略一事。俄國最初用盡方法，謀得山海關北京間之鐵路；彼曾先將彼之天津租界，大為擴充，直與車站地址相接，妥為之備。假如爭有山海關天津北京間鐵路之舉，係英國方面獲得最後勝利，則俄國勢將另自新築一條山海關至北京之鐵路。此外俄國尚欲再築一條北京至張家口之鐵路，並擬將來再為引直，直穿蒙古，以達Kiachta。至於北京保定正定（？）間之鐵路，其延長路線係擬直達漢口；該路直到現在，係由法比公司所建築；惟俄國方面，現刻竭力設法收買該路股票，以便由此獲得監督該路之權，並得循此軌線，以達各國商業利益燒點之長江。其在他方面，則英國擬由緬甸出發，法國擬由（安南）東京出發各建鐵路，以達該處。據余觀察，俄國之意，係欲使中國永在衰弱狀態之中，常受俄國羈絆支配。因此之故，若謂俄國之使中國經濟發達，其意係在助強中國，實為最不合理之談。——但在他方面，余實未敢遽信，中國現在已到甘受俄國保護而不辭之衰弱地步；所以余料，假如俄國永遠據有滿洲，其勢將使中國皇室，取消北京首都資格，另建國都於他處，實屬極為可能之事。

中國文化在四百年以前，常有若干方面，比較歐洲為優。但自彼時以後，遂成停頓不進之象；尤其是對於火車輪船所引起之世界巨大變遷，未能加以理會。而且數世紀以來，未有外敵嚴重壓迫，以致養成一種不能戰爭之民族。所有上流階級，對於世界情形，毫無所知，只是驕傲自大，盲目反對白人，至於官吏人員，則為腐敗之氣所充塞，毫無精神之可言。其在皇室方面，則又似乎不能再行產出振作有為之人物。但吾人在此卻有一事不應忘去者，即中國領土之內，除開西北兩面之（蒙藏）屬國不計；外共有人口四億，均係屬於一個種族；並且不以信仰相異而分裂，更有『神明華冑』之自尊思想，充滿腦中。此外更有一事，亦復不應忘去者，即吾人對於中國群眾，不能視為已成衰弱或已失德性之人；彼等在實際上，尚含有無限蓬勃生氣；更加以備具出人意外之勤儉巧慧諸性，以及守法易治。余認為中國下層階級，在生理上，實遠較吾國多數工廠區域之下層階級為健全。倘若中國方面將來產生一位聰明而有魄力之人物，為其領袖，更能利用世界各國貢獻與彼之近代文化方法，則余相信中國前途，尚有無窮希望。吾人若一觀察日本維新之迅速與成功，則此處實值得吾人加以特別注意。——至於中國所有好戰精神，尚未完全喪失，可於此次『拳民運動』中見之。在山東直隸兩省之內，至少當有十萬人數，加入此項運動；彼等之敗，只是由於武裝不良之故，其中大部分，甚至於並火器而無之。

倘若中國一旦強盛，則受其影響者實以俄國為最。俄國將於距其中央政府甚遠之數千公里遙長界上，行見一個含有危險甚或勢均力敵之對手產生。

若此種觀察不錯，則無論為德國或英國利益計，皆直以此之故，扶助中國，使其經濟發展，國力增強；而吾人商業關係，當然亦將隨之而進步。至於併吞土地一事，與其謂為促進商業，則毋寧為阻礙商業。蓋余之意，以為德國若以膠州為根據，實能享用山東利源；而且由此更將獲得一個較大活動區域，假如鐵路建築，不僅天津Funan（譯者按，此字似為濟南府之誤）一段，而以直達南京為其終點。

假如現在俄國果真努力，以助中國發達，則該國之政策，可謂完全錯誤。近來有一中國老人，曾宣言曰：『我們自四百年以來，皆在睡夢之中；但其間我們深覺安適無已。你們白人，必欲促使我們醒覺，則將來終有一日，你們對於此舉，深為扼腕之時云云』

關於德國在山東方面併吞較大土地一事，尚有一種困難，即華人置諸德國官吏治理之下，是也。就該地大抵貧乏之居民，欲得多數稅收，可謂希望甚少；其中尤為重要者，則該地距德太為遙遠。假如中國一旦復欲奪回山東，則德國方面——除開列強特為德國而設之各種困難不計外，——對於此種戰爭，非至財政破產不可。

二月四日之報告

皇上陛下，余不敢遺忘，敬謝吾皇欽派鐵甲艦隊駐紮東亞，直至今日，一事。

余對此事，極為欣慰。一方面係由於普通政局之關係，蓋現在時局猶在混亂不明之中，而且對於東洋國家示以威力，常能使其重視。他方面則係由於德國本身利益之關係。倘余在近來恭呈奏札之內，曾請陛下之議設統帥一職，實使此次全局受益不少云云，則現在余對此語，更將擴廣其意，即陛下之派遣重大海軍，多數陸軍於東亞，以及委任德國將軍，受此統帥之職，實使德國利益，為永久不朽之增進。在我們國內，或有因政治識見短淺錯誤之故，對於此舉，不甚加以重視；而在斯地，則此舉實為一切德人深深感謝，引為榮譽，而且亦為各國所重視。

自余在此開始活動以來，即嘗以為余與各國軍隊設法避免齟齬一事，當於陛下有益。現在余甚相信，此舉業已辦到；而且未嘗有損余之地位尊嚴。余與各國，皆甚相洽；余執行統帥職權，亦無爭執之事。又余與日人來往，覺得彼等似乎對於某種政治情感（係指德國迫日還遼一事）尚未完全克制，所以彼等舉動，皆甚趨於謹慎一面。但近來此種態度業已完全改變。蓋日人方面，對於世界各國尚未承認彼為列強之一，時常引以為憂。今在余處所得之印象，乃與其平居所隱憂者完全相反，因此彼極為感動。余對待彼等亦復極為坦白自然。而且對於彼等軍事才能，屢次特別獎勵；此固完全本諸余之良心而為之（非故作諂語）也。余相信以是之故，所以日本公使及日本將軍Jamagutschi皆曾告余，倘余在回歐以前，一往日本遊歷，則（日本）皇上陛下，將甚喜悅云云。倘若屆時陛下對於此事加以允許，則余將敬乞天恩，准余隨帶少數侍從，乘坐陛下之Hertha巡洋艦而往。至於其他戰艦，是否也應開往該國一為表示，敬祈陛下聖衷獨斷。

和議進行之遲緩，以及其他列強之冷淡，使余十分苦悶。余所懼者，德國所要求之賠款數目，勢將不能達到，而且相差甚遠。其中主要負咎之人，當然是推俄國；而日本美國則跟從而附和其說。至於英國方面，亦不能完全無過。彼不願在直隸之內，尤其是不願越出直隸以外，從事有力的軍事行動。彼但在長江方面獨行其道，常用金錢魔力，以使該處督撫受其束縛，袒彼利益。余對於和議將竣一事，既未敢置信，因而對於大多數列強所代所抱北京行將撤退之見，解亦復未敢苟同。現在要求華人處死禍魁之事，已有數月；若在此事未曾執行以前，則中國誠意言和之心，尚無法令人信任。倘若其間和議果然成立，則亦須經兩月之久，然後北京撤退之事，始能辦到。蓋從德國方面派遣運輸船隻來此，勢非短促期內所能抵達。至於大批軍隊齊集天津候船一事，則又因顧及衛生關係之故，實不應為。而且將來須待第一批運輸船隻離開大沽海灣之後，方准北京軍隊開始乘車出發。至若軍中用具當然可以先行輸運出京。

陛下飭令海軍衙門長官寄余之八類航行表多種，余對此極有興趣之賞賜，不勝敬謹感謝之至。

二月十日之日記

余因欲使外交方面略添生氣之故，乃屢次宣言，余現在預備，至遲不出十四日之內，將有一種規模較大之軍事行動；余欲侵入山東，同時並令法軍攻取山西云云。此事果然發生了一些影響。蓋美國公使方面認為此種軍事行動，甚易妨礙和議進行。而（英國）將軍Gaselee亦曾命人告余，如有關於超出直隸境界以外之軍事行動，彼必須先向本國政府請得許可，然後始能參加云云。同時，華人方面既由（俄國公使）Giers之傳遞消息，得知余之惡意行動；此外俄美日三國又皆有希望從速議結和約之心；所以余甚冀余之此舉，或能促使雙方，稍為迅速一點進行。

二月十一日之日記

在華人性質中，令人可以注意者，尚有知足與節儉二種。一位成年之人，每日所需之飲食費用，未嘗超過四個非里徐。（約合中國大洋二分）若值饑荒之時，賑濟群眾，只須每人每日給與三個非里徐即足。吾人由此然後對於一位苦力每日得資二十非里徐，竟能充裕養家之事，始能了解其故。此外更加以十分節儉，所有世間萬物，皆不令其廢置遺棄。因此之故，對於已恐動物埋葬之舉，從未有之。無論駱駝驢子，馬牛犬貓，皆可作為食品。假如該項畜牲之死，係由於染疫之故，則其肉價可以略為低減，但其屍體卻無論如何非吃不可。關於烹調食品一事，中國主婦具有無限發明天才，為我們從未見過者。每件殘剩物品，皆能善為利用。若到秋際樹葉尚未墜落之時，則隨處皆在爭相採拾（餘物？），而且類多小孩為之。其在高貴人家，亦復極講經濟。慶王宅內，常將杯內飲剩之茶，再行傾入茶壺，更由此以烹製鮮茶。此種辦法，大約各處皆係如此。對於衣服之儉省，亦正與對於食物相同。所有精幹母親，對於一條破布或一根短線，皆知所以利用之法。每值天氣溫熱之際，輒使其膝下孩子，一直到了五六歲左右，猶復裸體不衣，遍處走跑。倘我們再將彼等居室一為考察，則其甘於儉陋之狀，又為何如。大批人數，相與擠居於一間昏暗卑陋之屋內。因此，我們方知中國群眾生活之極為便宜，乃係勢所必然也。在此種居處情形之下，而欲求其潔淨，當然是萬無之事。從前曾有一位英國女人，向一位中國母親問道：『你的孩子，好久洗澡一次？』伊乃得著一個忿然的回答，即是：『我的孩子，從未洗過一次！』

中國婦女假如已經嫁人，而且生有小孩，則其地位並不低下；尤其是假如伊曾替其丈夫生了許多兒子。但伊對於丈夫之娶妾一事，必須忍耐，至少在富家之內，確係如此。至於閨女之境遇，則遠較婦人為劣。第一伊等誕生之時，因身為女子之故，即已不受歡迎，且有被人處死之危。迨到年紀漸長之後，又有被人售賣之虞。此種處死及售賣女兒之事，其流行程度各省不同，一以該地長官對於此事之態度為轉移。其間嘗有許多皇帝雖曾下令嚴禁，但其效果均未能持久。其主要原因，並非由於父母之貧窮，乃係由於宗祀之觀念。蓋女子一旦嫁人之後，則與其母家，完全脫離關係，從此不能代親祈禱及祭祀。因此之故，女子之於父母，乃係毫無價值之物。父母既如此設想，所以對於女兒之教育等事，亦不引為己責，多耗金錢為之。早婚一事，實為此種觀念之當然結果。為父母者極欲與其女兒早日脫離；並不惜花費金錢以成其事。因此媒人之在中國，竟有巨大行會之組織。此外婦人之生活，亦復並不逍遙自在；伊等在家工作甚多，每無暇時出外。在中國某某數地，其婦人及閨女之間，常有一種自殺狂之流行，成為一時重大不幸問題。又中國青年閨女往往自結會社，規定每個會員，到了若干年紀，即須自行戕殺。

二月十二日之日記

最近數月以來，余屢被柏林方面詢問，現在鐵甲艦隊是否可以歸國云云。余嘗決定，竭力反對此項艦隊撤回之議。而皇上對於余之意見，亦復加以贊成。現在余所深懼者，恐因我們（國內）近來大倡親英之故，又將重新再提此項撤回之議。余之主張，則依然未變。而且余對於英人之口頭親善，尚不敢加以信任；余必須先行聽見一點親善確據方可。蓋英國政策之主要思想，無非專謀自利而已。余實毫無一刻疑惑，英國衷心欲在長江方面，痛打我們嘴巴。至於四隻鐵甲戰艦停泊吳淞海灣一事，只能發生最好之影響無疑。蓋此舉一方面既足以警告英人，謹慎從事；他方面又足以引起南京總督之特別注意。

現在我們在此接得社會民主黨攻擊此間行軍舉動之消息。該項攻擊材料，係根據於兵士函中所述之恐怖故事，以及許多報紙所佈之無聊消息。余所不能了解者，即陸軍總長何以對於此種辯論，竟願參與。而況該總長自身對於此間情形，固亦未能深悉乎。此項傳聞，十分之九，皆係無端虛造，以言過其實。假如果有兵士曾經看見白河之內，浮屍數百一事，則此事之為謊語固不難加以證出。蓋我們海軍步隊行至彼處之時，戰爭之事，已經老早過去。該兵所述，當係聞之他人，而他人或更聞之另一他人。假如一位少年情感豐富之人，鎮日但見焚毀之材莊，打破之廟宇，死人之屍首，動物之遺骸；更加以中國拳民被處死刑，歐洲哨兵被人刺殺之事，日有所聞；則不能無動於衷，自是當然之理。此外更因欲使國內親友對此特別驚嘆之故，於是想入非非，加以點綴；而此種恐怖故事，亦遂從茲造成。至於許多華人曾被槍斃之事，誠然有之；但彼等實是罪有應得；尤其是依照中國人（對於犯罪處罰）之觀念，（一點不算過分）對於此種觀念之了解，所有吾國一般主持評論之人，皆當引以為責。

中國刑罰，極為簡單。其中笞刑甚多，其次則為流刑死刑，而無真正監禁之刑。大部分犯罪事件，皆以笞刑處之。每當坐堂開審之時，先將犯人痛打一頓，使其明白供認。復次，再將證人痛打一頓，使其不作謊語。迨到判詞既下，立即將罰執行。所用厚大之竹板——其中共有大小厚薄兩種。——往往竟使受刑之人由此死去。至於處以死刑之事，則時常有之；每每一種罪案，在吾國只加以三四個月監禁之處罰者，而在中國則竟以死刑處之。直到現在，此間刑部大臣，猶常常向著『北京行政委員會，訴說城中不靖之狀，與日俱增，尤其是美國區域之內；彼以為係因處罰過於輕微所致。因此，該大臣請將所獲強盜竊賊，引渡與彼，彼當時常處以死刑。

二月十五日之日記

余曾在（德使）Mumm先生之處甚久，乃知和議之事，絲毫未有進步。在各國公使之中，以英使Satow所持之態度，最為有意拖延。究竟該使何以故意拖延，實難令人了解。或謂英使實欲由此以使我們在此多住幾時，以便我們愈與英國接近，愈與俄國反對云云。余相信英國政策之中，或有此種親善之舉。

二月十六日之日記

現在余已決定，下令各國軍隊，從速準備一切，務於本月底間，即可開始攻擊，而且能於山嶽之地行之。余擬直向山西侵入，該省雖為山嶽所環繞，但余相信一切難關，當可打破。現在令人懸念不置者，則為法軍之態度。（法國）將軍Voyron本人，固嘗向余表示，甚願參與戰役，余亦相信彼之此語，當係由衷而出。此刻所欲問者，即巴黎方面是否另有他項訓令來此。在總司令部之中，現在無不歡聲雷動；蓋以從此或可發生一點激烈戰事，不復再度此種寂寥無味之光陰。（英國）上校Grierson亦向余言及，在英國大本營之中，對此亦是同樣歡欣鼓舞，且為最良意志所充塞。雖然如此，余仍未敢十分放心；因余以為彼等終當一向本國政府請示，故也。余之命令，已趕於昨晚發出；而且同時設法，以使李鴻章得知此事。（德使）Mumm先生頃使人語余，謂彼對於余之此舉，不勝歡喜；蓋今晨曾接由西安府傳來之通牒一道，其內容頗為輕佻，今以此舉答之，實為恰到好處也。

二月二十一日之報告

現在余從公使Mumm方面，得到通知。謂使團方面，對於中國政府所宣言之處死（禍魁）一事，認為完全滿意。因此、關於中國議和大使拒絕接受議和條件之假定，當然不復存在；所以余已下令，暫將攻擊之期，往後遷移。蓋此種攻擊之目的，原是只欲於華人方面加以壓迫威嚇而已。假如行將付諸討論之賠款問題，復為華人方面故意怠慢，則余任何時候皆可發出開始攻擊之令。此次事件經過之速，——從下令預備攻擊之恫嚇，至西安方面中國皇室之屈服，其間不到四日。——又足以重新證明，凡與華人談判，若欲得到勝利，必須具有威力，而且示以行使該項威力毫無顧忌之決心，方可。余曾設法使人將此預備攻擊之令，猶在發出之同日，故意傳入總督李鴻章耳中。余並探知，此項命令，曾使李氏陷於十分驚恐之狀。李氏立即危詞上奏西安，使其注意。同時並應用各種方法，使余對於軍隊發動之事，暫緩實行。於此發生了一件從古未聞之奇事，即中國新年（此次在（陽曆）二月十九日）向來只作娛樂之舉者，今竟為嚴重之會議，所濫用所虛度。各國公使，曾向余直接的或間接的，致其謝意，謂余此舉，實使和議前途，進步不少。

此處余不敢漏報陛下者，即余之預備攻擊命令，頗為各國軍隊所歡欣贊賞，而且精神為之一振。至於德國軍隊之中，現在既見有與敵人接戰之機會，於是均不願落居人後；所有營中養病之人，幾乎全來報到，自謂所病業已全愈。惟有（英國）中將Gaselee表示一種不甚思動之態度。當余令余之參謀長將余出兵意見告知該中將之時，該中將對於戰地距離太遠，動員期間太迫等等，表出各種躊躇態度。最後彼乃將其懷疑之心明白吐露，蓋彼深恐余存有直向西安前進之意也。其後彼又似受（環境）影響，對於此項攻擊計畫，漸覺可以實行。余從此又復重新覺得，Sir Alfred Gaselee之為人，誠然極有思想，但對於魄力及明察，卻嫌缺乏。

二月二十五日之日記

現在余始從報紙中，得知余曾久受英美俄三國報章之激烈攻擊，尤以造謠總匯之泰晤士報為最。該報之論文，當係來自Morrison先生；此君似乎好作真正英國訪事誇大狂，余當特別注意及之。余對於報紙攻擊所得之印象，並不比較一犬狂吠為稍多。余所驚訝者，即（大）報館如泰晤士報亦復永用此類劣敗訪員。此間英人對於此君（之行動）其為慚愧；但無勇氣將其遣送出境。至於俄國方面之攻擊，係由Uchtomski侯爵主持其事；此人曾在此地勾留若干星期。又美國訪員時常出入於該國使館之門，對於外交應守秘密之慣例，往往未能嚴守；因此外交團中，對此極為不滿。此外各種報紙之上，又嘗相傳余與（德使）Mumm先生之間，曾有齟齬之事發生，可謂沒有一字，不是扯謊。余與Mumm自始及今，最稱相得。因彼建議之故，（此間外交界人士）時常（尊重余之意見）位余第一交椅。法國公使對於此議，亦復極為贊成；而英俄兩使則初時尚思設法反對。現在此種齟齬謠言，當然是造自一位英人。

二月二十七日之日記

昨日余曾與幾位外交界人士談論；現在似乎大家已經開始覺得，關於賠款總額一事，實有速向華人提出之必要。Hart（總稅務司赫德）始終堅持，中國方面之支付或繳利能力，萬不能超過十億馬克。（約合華幣五億元）昨日對於使館界域防禦問題，亦復會議良久。幸因（德使）Mumm先生之力，稍為得著一點結果。

二月二十八日之日記

自若干時日以來，余即嘗建議，擬將白河自天津起，加以疏通修理，以便砲船再可直達天津；蓋當一八九六年之時，砲船猶能駛至天津，故也。果能如此，則將來對於大沽海灣裝船一事，利益極多。至於辦理此事，宜由天津『臨時委員會』Conseil provisoire擔任；而該會對於此事，亦復甚願為之。大凡頭腦清楚之人，對於此種計畫，雖已無可加以非難；但此事之實現，余恐仍不可期。蓋因外交界方面，實有出來干預此事之意，果爾則此種計畫勢將根本斷送。至於彼輩出來干預此事之原因，係以該會只由軍官所組成，殊非彼輩所能忍受。至若彼輩出來干預，是否於事有害，彼輩對此卻認為無關輕重，不復加以注意。

三月一日之日記

昨日為公使會議，（德使）Mumm先生曾欲使其略增活氣之故，擬將賠款重要問題提出討論，但未能如願以償。又彼曾建議，對於將來佔領通至海濱之鐵路，以及天津地方駐防問題，應請各國將軍，先行擬出一種意見書云云。——其實余已老早擬出一種，且為各使所深知。——亦未蒙會中通過。因（俄使）Giers曾言，彼必須先向聖彼得堡請示，故也。此次會議之中，只有一個提案，算是通過，即某某不關重要之兩事，提交委員會，加以討論解決，是也。所有上述一切議案，本應在兩月以前，即須議決；一待中國方面宣言，原則上接收和議條件之後，立將各種議決通知華人；換言之，其時猶在新年時節也。進行之緩慢，直到可罰之程度。此間會議之事，須由十一個公使共同討論，誠然不甚容易，但卻不能藉此以為解嘲之地。

三月二日之日記

各國政府對於華事進行之緩慢，亦正與此間各使相同。蓋彼等（指各國政府而言）現在尚未決定對華要求之賠款數目，究應為數若干。余與（德使）Mumm，皆曾設法催促柏林方面，近來余又接到一種來電，詢問現在鐵甲艦隊是否可以返國云云。乃堅決主張，該項艦隊應留此處，直至主要條件履行之時。蓋此項艦隊，在長江方面給余與華人之印象，極為深刻；若一旦召歸，將使華人之興致，立刻又高起來。賠款數目以德所要求者為最多，且亦十分合理。蓋以軍隊之數目與路途之遙遠而論，皆應如此也。法國軍隊數目，雖然與我們相等，但其中一半人數，係由（安南）東京而來。英國軍隊則全部皆係來自印度。美國軍隊則自菲律賓方面調來。日本則又居於近隣。惟對於俄國方面，不易與之比較短長；蓋該國於西伯利亞鐵路方面，據云受損不小，故也。該國欲與中國自行清算，而且當然係以滿洲為賠償。

美國公使Mr. Conger現在給假歸國。但據余觀察，彼或將不再回任。現刻代表該使列席和議者，為Mr. Rockhill；此君係在夏間奉命來此，蓋當時以為各國公使皆已被殺，故也。（美使）Conger及將軍Chaffee之為人，外貌雖稍粗率，而內面卻甚良好；余承認彼兩人，皆係極為可敬，而且負有才幹之人。

三月五日之日記

今日余曾往訪城中一座喇嘛廟宇。該廟現由澳洲海軍支隊駐紮。引余參觀之某軍官，曾向余坦白言曰：『我們曾將此間最好之古銅，寄呈我們女王。（指英國女王）只可惜此項物件寄到之時，已在伊死之後云云』此外並聞，尚有數十佛像，亦已運往英國而去。

三月八日之日記

現在好像是，因余在此辦事得法之故，反將罰余在此多住幾時。蓋此間人士之意，皆以為華人只是怕余一人。因此，時常都可聽見人說：『聯軍撤退二萬或三萬，其實都無重要關係，只要統帥本人尚留此間。若彼一旦去此，則華人立刻興高采烈，放肆起來云云』但余現在所不敢擔負者，即吾軍在此，再行埋葬數百，以及再行護送若干（廢兵）回國。故余特於今日致電皇上，謂戰費問題，亟應從速開始討論云云。

正月十九日威廉皇帝由柏林致瓦氏之信

當余受聯軍各國之託，以直隸方面外國軍隊總司令職權，授與閣下手中之時；余固深知，余所付君之重任，即或除開純粹軍事方面完全不計外，尚有無限非常困難發生。自彼時以來所得之各種經驗，以及閣下屢次寄余之各種報告，皆足以證明余之預料不錯。至於閣下盡力設法勝過一切因與各國動作所發生之難關。以及解決一切涉及政治方面之難題，皆能使余十分欽仰。閣下所奉為標準之視點，譬如對於凡可使余政策受其妨礙者，皆小心設法避免；其在英俄兩國利害相反之間，又能嚴守中立，專以軍事論點為前提；真是一點不錯。余甚希望此後以及直至對華軍事行動終結之時，閣下皆能辦到勿與聯軍各國之軍隊，發生嚴重齟齬，對於已產生之爭端，加以圓滿調和。此種希望，實從余信閣下為人及經驗之心，所油然而生者也。

自從中國暴動黨徒及中國正式軍隊，既已表現毫無能力對抗在直各國軍隊；而且中國全權代表對於聯軍各國議和條款，又已無條件的接受；則大規模之軍事行動，在此春間恐不復有。所餘者只是派遣小隊以任出剿安撫之事而已。因此，君之責任卻尚未完全終了。此外逼迫中國從速履行議和條款，以及值此現正開始討論條款詳目之際，對於華人最喜玩弄之推宕手段加以抵制，在在皆需施以十分武力壓迫。而此項武力壓迫，又必須立於統一指揮之下，換言之，必須立於閣下總司令之下，然後始能奏效。假如各種會議皆有圓滿進步，而且履行條件一事，亦已鄭重開始；此及此後繼續實行各種約言，雖用微小武力壓迫，亦可如願而償之時；則閣下個人與夫未負暫時駐防中國使命的一部分東亞軍團之歸期，於是乎至。（瓦氏附註：余以為聯軍各國一待中國方面正式宣言：承認賠償確數若干之後，則可將直隸境內軍內先行撤去一部。而且為謀各國軍隊自身利益，甚至於實有撤去之必要。倘若必須待至支付賠款方式業已議妥之時，然後開始撤退，則其期間至少尚有數月。並且困難之點，極少產自華人，而在列強自身不能一致。正月二十一日余曾以此意向（德使）Mumm先生言之。余之為此言也，實細心觀察之餘，覺得使團方面之進行，真是緩慢不堪。而且此種緩慢進行情形，更以下列環境之助，愈易流於拖延。——其中常有數（公使）先生，極為暗自希望，此種甚與彼等有利之占領，務使其設法拖延下去。——彼等不敢稍下決定，只是藉口必須先行請示本國，然後再行慢慢等候回信）

閣下所籌思之占據煙台一事，假如中國北方局面不再趨於險惡一途，則無實行之必要。蓋因由此所得之比較微小利益，其勢將為因此所釀成之政治危害，尤其是延長吾國東亞用兵之時期，以及易與列強惹起糾葛之危險，等等，弄成得不償失。因此之故，關於煙台一事，尚請閣下先行靜候余之命令。

又令人不快之華北鐵路問題，甚希望其間業已按照余之電令了結，我們業已解除責任。計該項電令，當在此信之前先行到君手中也。英俄兩國關於該路之糾葛，我們固早已知之；但我們責任卻不在將此糾葛根本掃除。至於英國投資所建之鐵路，不應隨便被人奪去一事，固不僅是照理應該如此，即就吾國在華政策而論，亦復完全相合。蓋在東亞方面，德俄兩國占領區域之間，甚以保留一個英國利益地帶為佳也。但余卻不願專為英國謀利之故，而挺身反對俄國。因此之故，關於鐵路問題，英國若與俄國互相詳細爭辯，乃是英國本身之事；我們至多只能作一誠實掮客，對於居間努力的效果究竟何如，當然不能負責。閣下對於此後解決各項懸案之時，務宜設法注意，總以勿因軍事行動有損私人權利為佳。

關於閣下是否應乘歸國機會，一往日本遊歷之決定，余現在尚需保留。

威廉

下列數行，為德皇親筆所書之附箋。

信中所述事實係由最近政局脫化而出。煙台暫時可以不必放在眼中。閣中在會議期間，對於遠征隊之安排，恰與余意相合。多謝閣下見賜之祝語，並於當日如時收到。此次慶辰在良好天氣之下經過，備極一時之盛。余現在正擬赴英，因余之可憐祖母，其健康情形極為可憂，故也。

三月九日之報告

皇上陛下飭令船長Paschen帶交之本年正月十九日上諭，已於昨日到余手中。陛下命余勿佔煙台一事，實令余不勝喜悅。因余之意見，亦以為如果佔領煙台，或將發生種種難題，實不值得一為。余已於本年正月十二日之奏議中，略為提及。

和議之事在最近數星期中，可惜無甚進步。欲求十一國意見皆歸一致，誠非容易之事；但余卻以為此間使團（如果真正努力）成績當不止此。關於使館區域之界限與堡壘，使館防衛兵士之多寡，以及中國賠償教會及私人等等之款子數目，各事本可於舊年以內，將其議決，今年正月一日即可提交中國議和大使者，竟乃直至現在，猶未一一會議竣事。因此之故，華人之埋怨列強，不為無理。蓋華人常謂，中國方面深苦不得聞悉，究竟聯軍各國所欲向彼要求者為何如云云。余對此事，亦認為極有從速解決之必要；所以今日曾電請陛下，早將最為重要之賠款問題，明白指示。據各方消息，皆云，現在西安皇室方面，和平派甚佔優勢。但吾人不可不加以注意者，即國中希望繼續戰爭之徒，勢力亦復不弱。趁此和議遷延之際，不難再使性質懦弱之（中國）皇帝，受其勢力影響。

就現在情形而論，武力壓迫之舉，實不應為；蓋華人方面，固未嘗有拒絕接受要求之事也。倘若將來果有實行武力壓迫之必要，則其堪作此舉之適當季候，係截至五月初間而止。從此以後之天氣情形，最易有損軍隊健康；所有傷害下痢兩症，至今尚未完全衰滅者，更將繼長增高。至於可以實行攻去之唯一方面，為余現正籌計者，當係山西南部及河南省。但此事必須先設一個防線，以禦山東，方可舉行。尤其成問題者，現在所有軍隊，是否足敷支配。蓋（英國）將軍Gaselee只有四千人參與攻取之役；而且彼曾向余聲稱，不能越出直隸境界以外。此外還有一事，不可不加以考慮者，即聯軍各國之結合，實際上本已十分鬆懈，今若對華採取嚴厲攻勢，聯軍各國之間，是否更將因此意見紛歧，不能團結。蓋聯軍各國方面，大多數皆希望，對華戰爭，只以直隸境內為限，顯然與余立於相反地位也。

余再三熟思之後，以為當此會議進行之際，所有手下兵力，其中尤以鐵甲艦隊為主要元素，皆當作一種恐嚇工具看待與利用，以促和議從速結局。（法國）將軍Voyron與（英國）將軍Gaselee，因氣候不利之關係，甚為反對大部軍隊駐過五月中旬以後，此外該兩將軍又因中國印度海洋風浪之故，以為六七兩月運輸兵隊，極感不便，令余對於此事，特別加以注意。

三月十一日之日記

從保定開向山西境界之偵察隊伍，到處皆把敵人打得奔向境外逃跑。華人方面留下快砲四尊，屍首二百五十，並被吾軍追入山西境內三十公里之遠。（約合六十華里）余以為此事必有很好果；因山西妄巡撫從此對於我們軍隊，亦復熟為相識。倘若一任余性為之，則余將利用此種勝利機會，派遣少數支隊，一直開入山西境內。但余在此間，每一舉步，輒為可厭政治所阻礙。

三月十三日之日記

午後余曾到（法國）將軍Voyron處，彼對於會議進行之拖延緩慢，亦復深感不快。彼曾告余，彼嘗奉到本國政府命令，對於華人無論如何勿採攻勢；換言之，倘余若有攻取行動，彼將不能參加；余甚相信此事必受有俄國方面之影響。

三月十八十九日之筆記

（時在Kaiserin Augusta巡洋艦上，譯者按：瓦氏曾往青島煙台一次，此項筆記係在從煙台到大沽之歸途中所作）

余從電報上，得知（德國國務總理）Bülow伯爵，曾在國會中宣言：謂聯軍各國政府曾明白表示，希望聯軍總司令部留駐中國，直至條件業已履行或履行已有保障之時云云。（譯者按，三月十五日，德國國務總理，因要求議院通過中國遠征隊第二次兵費一案，曾宣言曰：我們並不欲將總司令部稍為延長保留，只是適應時局上之必須，與列強間之希望而已。倘若上述兩個前提一日存在，則瓦德西伯爵仍將繼續行使其職權，一如彼到現在之處事堅定，行軍超卓云云）此項電報恐非詳確。因法美兩國一定未曾表示此種希望；而俄國方面亦恐未必有此表示。至於余必留此以至中國給出履行條件確實保障之時，當然無所用其反對。而且此種主張，對於余之個人，亦復不勝奉承恭維之至。但彼輩至今不能決定，速將條件交與華人，此則余所不能了解者也。現在此事之咎，已不在此間使團方面，（使團方面前此對於各種微小問題之進行，誠然亦復遲慢不堪）而在（各國）本國政府方面。余在此地，對於此中真確情形，實未敢加以評斷。

當余在塘沽登陸之時，英俄兩國嚴重衝突之消息，遂向余迎面而來。英國方面曾在天津車站旁面地基之上，安置鐵路軌道；蓋該國之意，以為此項地基所有權，係屬於現在由彼管理之鐵路名下，故也。其後俄人旋到該地，樹上彼之國旗；並宣言該地係屬於彼，曾與李鴻章訂有合同云云。（英國）將軍Campbell與（俄國）將軍Wojak，皆到車站，向余解說。各自述其理由，以及對此不能讓步之情形云云。余只得向彼等說道：此項問題之於余，太新鮮，太複雜；余實不能立刻下一評斷，余必須先行研究一番方可。

三月二十日之筆記

（時在北京）

英俄兩國之衝突，已達極盛之點。兩國方面。尤其是英國，皆各增派軍隊赴津。據云，英國戰艦已由揚子江口，駛往大沽，現正在途中。假如俄國方面，欲由滿洲抽調重兵乘坐火車前來，則英國方面當加以拒絕。（俄國）將軍Wojak——彼誠然現在尚未接到聖彼得堡方面之訓令。——向余言曰：此次事件，關於法律問題者實少；蓋法律問題，吾人固可靜待解決者也。其重要之點，乃在侮辱俄國國旗；對於此事，非實行賠禮不可。此次聯軍國家特在天津向著世界表演之戲劇，可謂實在不佳。許多好奇之人，特到競爭地點去看，俄國哥薩克兵與英國站崗軍士，彼此如何仇視對立，以為取樂消遣之道。在第一日之中，尚有許多已經吃醉之俄國軍官，加入其中；拔出指揮刀，東倒西歪一頓；直至請了Wojak將軍前來，始將彼等攆走。

此地各位將軍蓋無不深以軍隊紀律，備受此間情形影響為嘆。所有兵士之居處狀況，又復不易嚴密監督。做事甚少，給養極豐。至於德國軍隊，現尚繼續出發前進，而且一部分係含練習性質，務使不流於逸。我們兵士在此，當然十分失望；蓋彼等之來也，常抱一種激昂氣概，甚願實地參與戰事；而現在則戰爭既未多覯，環境亦極不佳，而且身居今人難表同情，最為彼等鄙視之居民中間。因此之故，余每聞大多數兵士，欲於兵役年限滿期之後，仍回國而去之語，殊不以為奇怪。假如此間果有真正戰事發生，則彼等當然甚願全體留此不去。可惜余在此處有不能已於言者，即我們兵士將來回國之時，其品行當不能比出國之日為良。彼等在此，日見放肆野蠻強劫斬首之事太多；而且因與其他各國軍隊來往之故，不免竟與許多惡劣份子相聚。

現在和議黑暗前途之中，畢竟放出了一點光明出來！此刻我們已經知道，究竟德國方面所要求之賠款數目為何如。余思此後一切問題，當可迅速向前進行。

三月二十一日之筆記

上半日之時間，余全為解決英俄爭端一事所費去。但此事終算僥倖成功。（俄國）將軍之為人，甚為明達；在此又足以證明，與彼談判，實遠較與（俄國上校）Engalitschew談判為愉快。該將軍係乘特別專車由津來京。（英國）將軍Gaselee現在旅行中，其代表為Barrow將軍。Wojak及Barrow兩人，曾經先後與余之參謀長談判良久，其後余乃引領Wojak將軍來與Barrow將軍相會。其間適接柏林方面來電，謂英國甚希望我們善於調理此事云云。因此更使余之（調停）職務，愈易進行。其結果辦到，關於法律問題，主提開劃出，直由外交方法解決。至於英國侮辱俄國國旗一事，余謂英國方面當非有意為此云云，（英國）將軍Barrow亦極以此說為然。此外尚有誤解數弗，亦皆加以適當解釋。於是Wojak乃宣言，倘若英國方面，先行發出撤退哨兵命令，則俄國方面將於明早五鐘撤去站崗兵士云云。余遂對於該兩將軍之決斷，特別致其慶賀之意。其後早餐之時，我們皆一致以為，究竟我們軍人辦事，遠較外交人員為速。

三月二十一日之報告

皇上陛下，現在余將青島之遊，敬謹報告如下。

余逗留青島，係在十六十七兩日。當余視察軍隊以及建築以後，更欲對於該處港口以及殖民地之進化情形，得一明瞭概念。其間令余特別欣喜不置者，即據余所得印象，膠州殖民地之進化，並未深受去年中國亂事之礙；現正繁盛向上，可以達到陛下之期望。至於德國重大艦隊永住東亞一層。既為事實所不能免，而同時長江方面又將永為政治商業之燒點。因此，德國之有青島，對於海軍方面，可謂得著一個十分優良重要現在已可利用之軍事基礎。若再加以修築，則青島可成一個軍港，具備一切條件。關於青島是否可以成為商港一事，現在議論尚屬紛紜。但余之意則以為青島將來可成為一個極有希望之商港。即或我們對於煙台大宗商業，預料將為青島吸收一層，現在暫且在而不論；青島前途亦復希望無窮。此外從前辦理不善之Jebsen Linie輪船公司，近來業已移併於Hamburg-Amerika-Linie輪船公司，該公司之經理Ballin，適與余同時滯留青島。更加以擴充該埠航業一事，業已擬好計畫；於是往謁青島之人因此愈為便利；而商業關係當然亦將由此促進。從前對於青島地方有礙衛生時常引以為憂者，現已漸漸開始不成問題。蓋一方面既竭力施行幾項衛生條例，而他方面又尋得衛生飲水，不久即可取用。所以預料今年健康情形，將遠較去年為佳。至於該埠附近大造森林一事，現在雖然尚有若干困難，必須加以奮鬥；但余以為只要忍耐幾時，終可一定辦到。而且森林既成，當於健康方面發生良好影響，從前香港方面亦正如此。現在鐵路上之工人車輛，已可開至膠州，預計該路不久可以達到高密。因為山東省內平安無事，以及該省巡撫袁世凱努力維持秩序之故，——該撫於最近六個月以來，曾殺戮暴動份子四千人左右。——所以辦理鐵路礦山事業之人，皆甚相信繼續工作進行之有望。又大港及小港之完全築成，尚需若干時日。更因近來在小港方面，發現幾處地面之下，積有巖石，必須花費一些勞力，方能除去。中國居民漸漸開始適應新環境，供給彼等許多從未料及之賺錢機會。今年此地中國新春慶賀情形，最足以表現一般幸福有加之真相。其在居留青島之德人方面，無論其為軍人或非軍人，余皆覺得一種朝氣活潑，允心信任，愛護祖國之象。到處彌漫。就余經驗而論，此種現象實為所有居留東亞方面全體德人之一種反照，彼等因陛下實力干涉，輸送如此海陸大軍來此之故，無不自覺揚眉吐氣。余認為此種現象，不久將使貿易事項為之促進，企業慾望為之增長，毫無疑義。至於駐紮青島之軍隊，余皆覺其情形甚善，健康亦佳。

在余駛向大沽之歸途，曾泊煙台，並在該處勾留數小時。防守該港之兩個要塞，直到現在，每個要塞之內，只有兩尊二十一生丁大砲，三尊十五生丁大砲，以及一個大隊之眾，但實額至多不過二百人數而已。余以為攻取該處要塞，即無鐵甲艦隊之助，亦復不感困難；譬如我們攻擊目標，先向其中一座易於圍攻之要塞，不要先打東邊那座高塞。至於青島方面既已日趨發達，則煙台之重要意義，亦將同時隨之遞減。因此，究竟煙台之於德國，是否果有重要價值？余甚為懷疑。

三月二十三日之報告

當英俄兩國衝突之時，賴雙方軍隊維持，尚能秩序始終保住。反之，近來駐津英法兩軍間所起之仇隙，則其情形卻甚為嚴重。

該處英法兩國租界，彼此相接，並無顯然邊界。法國兵士常到英國租界之內，尤其是星期日下午，作出種種不端行動。彼等時常列成長排，互相牽握共向大街而行，全途為之佔去。所有迎面而來之人，必須改向小街而行，或者轉身回頭而去。英國駐津衛戍營統領Campbell將軍，竟有一次身遇其事。彼乃向法國步兵聯隊衛戍營統領Souhart上校提議，以後法國兵士，如無公事，禁止前往英界云云。蓋英國兵士不得無故前赴法界一事，固已老早實行也。Souhart上校之為人，似乎略欠魄力，對於此項提議，深恐彼之部下，引為奇辱大恥。反之，（法國）將軍Voyron一聞此事之後，立即派遣大批憲兵來津，幫助實行該項禁令。

雖然如此，而本月十七日（係星期日）終竟發生一場嚴重騷動之舉。其性質幾乎成為一種法國兵士反抗自己長軍與其命令之叛亂。其在衛戍營中之海軍步隊方面，對於一切集會暴動之事，尚能潔身遠引未曾參加。反之，駐紮該地之兩個步兵大隊，其兵士以巴黎人為最多，是日結隊穿過大街，口中狂呼『Faschoda』（按此係北非地名，英國曾從法國手中奪去）『打倒英國人！』A bas les Anglais！『布爾民族萬歲！』Vivent les Boers（按此係南非民族，曾與英國血戰者）英國軍官Grierson上校等等，因從車站前往英界，必須經過法界之故，途中備受（法兵）辱罵，用石投擲，甚至於向前實行攻擊。並有大批法國兵士重新侵入英界之內，直至憲兵巡哨前來，將其逮捕押解而去。在英法兩國兵士之間，曾屢次痛打其架。至於英人方面，似乎有心竭力避免，應用有色（人種）英隊，抵抗法國兵士；而且預防將來再被此項顧忌所限制之故，特調英澳軍隊六百左右來津，此事已於本月二十日一七一號電報之內，恭奏陛下。

（法國）將軍Voyron既從（英國）將軍Barrow之通知，得悉此項事變之後，立即道歉不已；並派素有魄力之（法國）將軍Baillond赴津，速將法國衛戍營中之散漫紀律，重新整飭起來。Baillond將來本係駐紮保定，此次適因事來京，故得奉茲使命。

余希望今後類似此項之醜事，而且專就華人方面所得印象一點而論，已屬極可惋惜之行為，當可不再發生。

三月二十三日之日記

近來荷池（北海？）北端，法軍所駐美麗廟宇之內，曾失火一次。法國軍隊當時所持之態度，實令人不敢滿意。蓋冬宮方面當日曾立派救火隊伍，持救火器械，以及許多兵士前往；當其我們士卒方用全力救火，並繼續工作之際，而法國士卒方面，旋即怠於努力；於是法國高級軍官，遂靜視其部下之安坐吸煙，以及德兵之賣盡氣力，不復加以過問。只有一位法國下級軍官，曾經勇敢向前努力救火；後來（細細探聽）及知該軍官是Strassburg地方之人。（按Strassburg為亞爾薩斯州之首府）

至於法國兵士之在街上，其態度卻極良好。因為余住在法國區域近旁之故，所以每次騎馬或乘車出行，時常遇見許多法國兵士，經過許多法國崗位。彼等甚為細心注意。而且努力做出整飭之狀。此外彼等亦無不識余甚熟。我們軍士在此，當然常與他國軍士來往，但其中卻最喜與法人交游；因彼此（語言）易於了解，故也。我們軍士之中，間有能說幾句法語者，而法軍方面則有許多極懂德國語言。在法軍之中，頗多亞爾薩斯羅連兩州之人，以及德國逃兵；彼等初在（法國）之外籍軍營中服役，後來則編入殖民地軍隊之內。

三月二十四日之日記

昨日余曾將拍電柏林一事，（譯者按，參看下列一段，上奏德皇電）告知（德使）Mumm先生。該電（係由余直接寄與皇上）對於和議之遷延及其影響，有所論述。Mumm對余此舉，似乎不但不見怪，並且甚歡悅，此實令余欣喜不置者。

三月二十三日恭上德皇之電奏

根據余之詳細觀察，有不能為吾皇告者，即雖經陛下公使之不斷努力，而和議之事至少尚有數月遷延，倘若進行速度之慢一如今日不改，尤其是倘若各國公使對於不關重要之問題，亦以先向本國政府請示之故，每每拖宕許多星期之久。又英國公使（Sir Ernest Satow）方面，似乎有意欲將和議進行特別遷延。有許多問題，如使館保衛問題之類，在數月以前即可議妥者，而現刻仍在委員會討論之中。中國議和各大使對於遷延一事，實無過錯之可言；而且彼等甚希望從速議結和約；更相信只有吾陛下出來建議，和會條件始可剋日提出。此外，彼等深懼長此拖延下去，反對黨或將在（中國）皇室方面，復佔優勢。並聞李鴻章之意，倘若到了五月中旬，尚不能大體議結，則彼將利用聯軍因氣候關係屆時不能實行大規模軍事行動之機會，設法拖延和議，以冀達到較輕之條件。聯軍之戰爭費用愈增，則中國之履行能力亦愈弱。余以總司令資格，更不能不上奏吾皇者；即各位將軍對於彼等部下之久留於此，既無何等工作可言，又近不良氣候時節，無不引以為憂。

三月二十六日德國國務總理之復電

陛下曾命余對於閣下一七五號電報，加以密覆。陛下現在已令殖民監督Dr. Stuebel立刻前赴倫敦，以便與英國政府口頭接洽，促其對於賠款問題努力進行。Dr. Stuebel即深悉中國情形，當能對於英國方面反對增加關稅之議，加以辯駁解釋。

（國務總理）Bülow

三月二十六日之日記

每個公使皆深知本國政府所欲要求之賠款數目，但對於彼之同事（各國公使）卻不肯先行表示出來。此真是一種小孩捉迷之戲。在各使之中，只有法國公使（Pichou）一人，真正幫助（德使）Mumm先生。至於英國公使方面，余現在漸漸相信，彼當接有本國政府命令，令其故意遷延此事。天津方面，英俄兩國衝突之事，現在尚未完全歸於靜息。余設法苦口勸解雙方，為之調和。

三月二十八日之報告

現在此間軍事方面，甚為安靜無事。近來曾經電奏陛下之派遣小隊出發一事，只是專作剿匪之用，而且幾乎全係出於本地居民之請，並得地方官廳之同意而行之。所有此項出剿之事，自數星期以來，專由德國遠征隊方面擔任。其他各國軍隊，則靜駐所在地點，對此頗為消極。至於派遣大隊出發之舉，現在實無必要之可言。中國軍隊所持之態度，極為正當冷靜。此外因為列強壓迫之故，中國議和大使現已表示情願接受一切條件；倘若我們再作各種軍事行動，實將無以自解。

三月二十八日之報告

皇上陛下，余在本月二十三日電報之中，對於此間和議遷延情形，曾經冒昧上奏，以冀吾皇注意。今日余從國務總理來電之中，得知陛下已派殖民監督Dr. Stuebel，前往倫敦，以促英國政府，對於賠款問題努力進行云云，實不勝欣喜之至。以陛下之大力干涉，誠然必有效果無疑，但此後英國政府關於和議之行動，亦殊有繼續注意之必要。

據余勾留中國六月之觀察，以為英國方面對於和議進行，實有意使其拖延。因英國與俄利害極為相反之故，所以英國甚欲與彼同隸一個統帥之德國大軍，久留於此。並且對於俄國——至少在中國境內，——表示一種英德聯盟之意。（英國）將軍Gaselee就大體而論，並非不欲（自為門戶）獨立行動者，彼對余只作表面上之奉承而已；但一旦與俄發生爭端，則彼立即承認余之統帥地位，求余幫助，而且有時僅係一些不關重要之事。余對此有必須加以特別注意者，即勿使俄人疑余，故意袒護英國利益。

余嘗見法日美三國公使及將軍方面，屢屢表示希望對華和議，五月初間左右了結，可以從此撤退北京，大為減少駐防人數云云。反之，余察（英國）公使Satow之行動，以及英國軍隊之準備，皆不能發現其具有從速撤退之意。

東亞方面，尤其是直隸省內，英俄利害既極為相反，所以余深恐吾德將因駐有德國遠征隊於此之故，陷入爭端漩渦之危。以是之故，余認為撤退或大減德國遠征隊一事，只須和議情形，一旦容許為此，實有立即著手之必要。除此之外，尚有其他重要軍事原因。至遲不出五月十五日，熱度行將升到攝氏寒暑表三十度，有時竟至四十度。從六月十五起，在此不斷炎熱之中，照例更將繼下降雨時節。對於軍事一切行動，幾乎完全不能實行。據醫生意見下痢之症行將與炎熱氣候同時發生；其後更將益以傷寒之疫。在此期間，尤以北京天津保定之衛戍，最為不適衛生。一部分軍隊，雖然可以設法移駐地勢較高之地方，以為預防；但上述三城，終須常有重兵駐紮。

所有各位衛戍將軍，皆以為軍隊久駐此種大多數設備不周之營舍，而且動作太少，給養過豐，對於兵士之精神，實為有損。近來各國兵士衝突之事日多，即其象徵。法國軍官每以兵士紀律日弛為嘆。余對於德國軍隊之能（自始）至終保其令名，雖無絲毫疑惑；但余亦有不應緘默弗言者，即兵眾道德方面，因受此間環境影響之故，——彼等身居素為彼等賤視，而且面目可憎之居民中間，又常與道德極低之各國兵士往還，不恤人命，不尊重他人財，等等。——漸蒙其害。此外德國各項軍隊隨時皆在能征善戰狀態之下；對於一切職責，皆能勝任裕如。更無不一致希望殺上前敵而去。現在與敵接戰之事，即已似乎完全無望，於是一般兵士遂渴欲還鄉。其中最為明顯者，即兩萬兵士之中，便有一萬七千人，對於兵役年限期滿之後，不願再行繼役。

三月二十八日致參謀總長Schlieffen伯爵之函

余對閣下，有所不敢忘卻通知者，即余在今日恭呈皇上陛下之報告中，對於德國遠征隊久居直隸一事，頗以為憂，在政治方面之原因，則係英國欲使吾人與俄發生糾葛，而冀德軍久駐此間以達目的。就余觀察所得而論，英國之所以故意遷延和議，全由於此。

現在中國皇室既已有意言和，中國和議大使又復誠心談判。向使聯軍各國早將條件提出，則和議之事此刻當已告竣。至於華人此種誠意，是否可以繼續保持一層，余以為如會議長此遷延，實係一個疑問。蓋國中尚有一種主戰派竭力施其陰謀；並料定列強之間不能永久一致。近來英俄衝突，更使此派重新充滿希望。

在軍事方面，余最為憂慮者，為不適衛生之季候，行將屆臨。據醫生觀察，下痢及傷寒兩症，不久即將發現，當使我們飽受損失。一直至於九月初旬，所有一切軍事行動，幾乎均不能實行。假如必須實行，則余將究向何處前進？其第一個目的地，當然為山西。但該省之內，現正饑荒流行；佔領之後，對於中國政府仍難使其感受何等影響。若再行前進，則兵力殊嫌不足；而且多數聯軍各國，對此勢將絕對不願合作。當余最近準備攻勢之時，余所能調用者，只有德國十一個步兵大隊，四個騎兵中隊，四個砲兵中隊，總計至多不過九千人。其次則為英國三千五百人，義國一千五百人。換言之，合計起來，至多不過一萬四千人。而且每向前面進行之際，沿途皆須設立兵站。人數只有愈往愈少。屆時對於指揮一職，余必須親自擔任，余亦誠心甚願擔任；但各國對於此舉，是否認為與余之地位相稱，則實是一個疑問。

現在軍隊在此所作者，只是偶爾擔任剿匪事宜而已。如此種情形繼續延長下去，則總司令一職，在熟識此地實況之人，當已不復認為重要。又現在俄軍已難視為受余指揮之兵隊。假如余欲命令彼等去作比較舉行閱兵典禮稍為嚴重之事，彼等似乎竟將拒絕服從。在法軍方面，則曾奉有（本國政府）命令，勿作敵視華人之舉；對於余之軍事進取行動，絕對不願參加。此外日軍方面，亦曾奉有（本國政府）命令，勿越北京以外而去；換言之，即是勿作敵視華人之舉。至於美軍方面，則正預計四個星期之後，離開中國。因此之故，受余指揮者，只有德國軍隊只准用於直隸境內之三千五百英軍，以及義奧兩軍。

余所懼者，余在此所據崇高地位，曾使德國尊嚴為之增高者，必須漸漸萎縮下去。又總司令部，尚有一個弱點，即完全以余個人為其基礎，是也。並未設有代余行使職權之人。若余一旦不在，則總司令部亦即根本取消，此實應請加以注意者也。最近余曾冒昧致書閣下，謂余之健康情形，究竟久居中國，有無損害，頗是一個疑問云云。現在余更當敬向閣下補述者，即余近已覺察，余之健康情形，經此七月以來之繁務，實已大受損害，其勢將為中國夏天完全斷送。因此之故，如果總司令尚有在華多住幾時之必要，對於此事，似宜加以顧及。余敬託閣下，細將上述情形奏明皇上陛下為荷。

假如和議程度，果已辦到中國方面對於列強所提出之賠款數目，業已正式承認；則鄙見以為駐防軍隊大為減縮之時機，實已屆臨。至於中國方面實行支付現金賠款一層，當然萬無其事。事實上所能辦到者，只是抵押關稅，或直接付利兩途而已。為保證此項問題勿受停滯起見，可以組織一個聯軍小隊，暫駐天津山海關以及沿著開往北京之鐵路，即足。余以為只要一萬人數，即已十分夠用。此外再加上駐紮北京保護使館之軍隊二千人左右。其在大沽及山海關方面，同時再行停泊戰艦數艘。假使中國政府對內果已恢復威信，而且極願盡力保護外僑，則除使館區域警備隊以外，其餘一切軍隊皆可從茲撤去。

三月二十八日之日記

我們（駐日）東京代辦Wedel伯爵，曾經向余通知，謂日皇預計，余將遊日；屆時彼當以上賓待余，而以著名Schogun宮為余駐所；據云，外人足跡曾到該宮者，至今只有大侯爵Heinrich新王，以及另一歐洲親王兩人而已。余因此事帶有政治色彩之故，特向皇上奏明。其後余接皇上覆諭，對於此事之裁定，現尚保留未決。

四月一日之報告

英奧軍隊前來天津一事，余已於三月二十三日報告末段中，奏明陛下。自彼時以後。該處德英兩國兵士，亦復常有衝突之事發生。據余所得各種報告，以及一切合法調查，皆以英國軍隊方面似乎負咎較多。現在雙方均已設法預防此項事變再行發生。尤為可惜者，即華人方面對於此事極為注意；彼等從各次事變之中，乃推定聯軍之間，業已不能一致，亟思有以利用之。此外前此曾經報告陛下之駐津英法兵士激烈衝突一事，亦復發現德國兵士常有數處袒護法兵方面之舉，至為可惜。

李鴻章曾將中國兵隊之防線形勢，製成報告給余。余為審查此項報告之真偽起見，曾派開花砲火藥隊指揮官Ostrowski正軍校，從天津出發，前往考查。該軍校在天津西南界線以外之各城，果然發現小隊華兵。但同時卻又探知彼等駐紮該處，態度確極冷靜。每遇拳黨出現或匪徒橫行之事，則向前加以剿滅。此外彼等對於該地牧師，亦極為相洽，而且盡力保護中國教徒。又山西邊境之馬將軍，與天津西南之中國人，無不認為和平休戰之事，已自三月中旬實現。中有一事足以表現此間情形，即Ostrowski正軍校曾有數次行近中國防營之時，該營兵士特為整隊出迎，致其敬禮。

天津方面，英國曾組織招兵事務所一處，招募華人編入威海衛中國聯隊，其結果極佳。英國利用華兵之經驗，似乎遠較膠州方面所得之經驗為佳。甚至於威海衛中國聯隊之一部，於佔領天津之役，即已奮力與其本國同胞相戰，此固為一般英國軍官所同聲承認者也。至於膠州方面所得經驗不甚良好之故，或係由於所募本地兵士，皆是附近各鄉之人，於是彼等不免常受親戚關係之影響，故也。

在各國聯軍之中，德國遠征隊最引人注目。但各國軍隊直至今日僅於舉行閱兵之時，一見德國隊伍。所以余在三月三十日，特令全部駐京德國軍隊，開到該城南面皇室獵場Haitze之內，舉行戰鬥實習。各國軍士前往參觀者甚眾，尤以日本軍士為最。（瓦氏三月三十日之日記有云：此間各國公使對於日本，雖不甚加以重視，但該國卻值得吾人特別注意。余所能評鑒者，當然只能限於軍事一面。該國軍隊極可令人注目，其精幹之處已為此地各國人士所公認。前此佔領北京一役，實全靠日軍之特別努力。該軍之組織與操練以及用兵之原則，皆係仿自吾人；彼等亦嘗自承不諱。因彼等尚欲深造之故，特向此間吾軍各面，加以根本研究。我們每軍將校亦極承認日本海軍之能力。該國海軍在東亞方面，業已構成一個極可令人注意之要素，此乃俄國方面所最感不安者）

四月二日之日記

余從（德使）Mumm先生處，得悉殖民監督Stuebel倫敦之行，所謀已遭失敗。彼之赴英也，係欲游說英國，贊成加增中國關稅。但此事完全未達目的。英國拒絕此事之原因，當然係增稅結果，外國商人至少必須擔負一半，而各國對華商業又實以英國為最大。

四月四日之日記

余曾訪晤（英使）Satow先生甚久，彼深以至今未能得悉彼之本國政府究竟對華要求賠款若干為歎。彼向政府請示，現在已有三星期之久矣云云。但此項問題固非數星期以來始有之事，乃係三個月以前即有之事。此外余在談話中間，亦復覺察和議之遷延，實係英國首負其咎。究竟英國何以如此，余當然莫明其妙。余極勸Satow先生，盡力從速議結和約。

四月六日之日記

因應外交團之申請，余特於今日召集聯軍各司令會議，條陳實行和約八九兩款之法。該兩款條文所規定者，係關於北京到海之交通安全，以及折毀大沽砲臺與一切有礙京海交通之塞壘，等事。此次會議時間，僅歷兩鐘之久，所以余之提案，皆一律通過，而且一如余在正月中所草擬者。惟俄國代表Wojak將軍聲稱，俄國對於此事，不願參與；只在北京方面留駐三百兵士，以為保護使館之用；此外山海關方面之現有防軍，照舊留守不撤，而已。（美國）將軍Chaffee則宣言，彼將於五月一日與其部下——除開留駐北京之一百五十人外，——離華而去云云。余對於其餘各位將軍，則未嘗一耗勞力，即已使其一致；換言之，法英日義德五國，共任保護鐵路之責，其所需人數約在二千五百左右。其中最有趣味者，即俄美兩國完全與其他列強分道而馳，（但該兩國對於和約中之保護鐵路一事，卻又嘗在贊成之列）以及法國不附俄國主張，是也。若就（法國）將軍Voyron語氣而論，甚至於含有若干反對俄國之意；蓋該將軍曾言，法國對於此種既已著手之工作，實負有助其完成之義務云云。

四月七日之日記

余近來漸覺和議進行之遷延，英國公使實首負其咎。但余尚未十分確定，究竟此種遷延，係該使依照本國政府訓令而為之歟？抑係該使資質遲頓，更加以官僚法吏之麻木習氣，年紀老邁之鰥夫情懷，種種弱點，致令如此歟？現在余乃大為明瞭，該使實奉有本國政府訓令，今其故意遷延；同時又因該使個人性質遲鈍之故，恰好助成此種延宕之舉。又該使對於此後和議進行，曾向其他各使提出一種說帖，其中充滿不切實用之理想與顛倒錯亂之見解，可謂出人意外之至。余曾命人替代（德使）Mumm先生，草擬一篇覆牒；余甚希望此項覆牒，得到（英使）Sir Ernest（Satow）之手。英國因仇視俄國之故，甚喜我們在此充當彼之盟國。以是之故，彼亦甚願承認余為統帥。我們留此愈久，則英國愈為歡喜。數星期以來，嘗使余特別感覺者，即英國將領對余，極為殷勤侍候；並甚願特別表示彼等隸余麾下之意，實與當初態度完全不同。但余對於英人忠實，卻不如此容易相信；因余在此，對於幕後情形，時嘗加以注視，故也。

四月八日致德國駐京公使之函

敬謝閣下見告一九〇一年四月英使Sir Ernest Satow遞交北京外交團之說帖內容。余對此項說帖，曾有下列數點意見，茲特敬謹呈送閣下。究竟余之意見，是否應在外交團會議說帖或其他機會之時，提出討論，余敬請閣下代為審度決定。

該說帖之中，首令余注意者，即其主張今後和議，應與中國代表舒緩向前進行，而對於軍事方面，則未嘗顧及。余於昨日抄寄閣下之致北京外交團首席（西班牙公使Cologan）一文，其中曾經表明，北京保定撤兵之舉，以及開始運兵回國之事，或趕於六月十五日以前著手，或者展至秋間實行。如展至秋間實行，則戰費勢將與日俱增，自無待言。此外尚有一層危險，譬如天津事變業已昭示吾人者，即各國軍隊既已長期無事可作，而又互相逼處狹小區域之內，是也。但危險之事尚有更重於此者，即夏季之中，聯軍身命與健康，行將大受迫害，是也。蓋炎暑之季，傳染疫病之發生，極為可慮，尤其是北京方面；因該處去年曾有許多動物遺骸，死人屍首，於掩埋之時，未嘗施以充足防疫方法，故也。現在此種情形，如再延長下去，則雖用各種軍事條例，減少一切災害，而此刻身體尚屬健全之兵士，仍將日趨損壞一途，此則余所深信不疑者；換言之，此種責任實不容易擔負。至於現在中國皇室方面之有意履行條件一事，或因會議遷延而動搖；甚或列強坐視此種良機而不用；其結果對於大多數或一部聯軍各國，是否有利，此則余所不能加以評判者也。要之無論如何，華人與吾人方面，蓋無不深悉從五月中旬至秋季之間，不能實行大規模之作戰計畫。即或屆時雖有若干列強自願將其軍隊聽候調遣，（亦復無用）又此刻局勢，對於中國皇室方面或有感覺不便之處，而對於中國居民方面，則已不復再有特別壓迫之感；蓋彼等各種賺錢之機會，實遠較太平時候為多也。

復次，余對於該說帖中，與軍事有關之各點，再行詳論如下：該說帖以為所有地方上之法律民政警察事宜，應以交還中國官廳為善；至於軍隊則不妨續駐下去，而以執行衛戍職務為限云云。吾人若從軍事論點出發，此說實無可持之理。蓋軍隊佔領外國土地之後，其地之一切民政事宜，照原則上時常落於佔領軍隊之手；此事在一八九九年海牙條約『關於陸戰之法規及習慣』Sur les lois et coutumes de la guerre sur terre，亦曾特別加以承認者也。至於外交方面之託辭，謂聯軍實際上未嘗與中國開戰云云，與此實無關係；蓋果如此，則聯軍軍隊前此常將中國官吏之警察或行政事宜置於自己管轄之下，真可謂為奇怪已極。此外該說帖中所述之理由，謂宜令中國官廳方面，得有機會以表示其具有治理地方之能力云云，此實由於所據前提，未嘗正確之故。蓋軍隊一日尚留此間，則暴亂分子時常受其箝制，不敢妄動；關於中國官廳願意而且能夠維持秩序之證據，實只有等待聯軍撤後方能表現。倘若英國公使僅係偶爾措詞錯誤，而真意乃只在中國地方官廳應於聯軍司令指揮監督之下，盡量參加行政管理事務云云，則此種要求固完全與軍事（機關之）意見相同；蓋聯軍每遇各地中國官使之留職未去者，固已早經如此實行也。

如果英國公使關於『管理北京委員會』（除開法軍佔領區域不計）之正式報告未嘗接得，則此項報告在實際上亦本無提出之必要。據余所知，外交團與『管理北京委員會』之間，毫無關係。又因外交團希望使館區域劃出軍事範圍以外之故，則各使個人對於該會當亦不甚關心。

又英國公使主張，列強宜下令各位司令將領遷入露天營帳，撤出城鄉云云。Sir Ernest Satow之為此議，似乎根據英印軍隊習俗；至於德軍方面，以及余所素知其他歐洲各軍之習俗，則係倘有城鄉房舍可以駐紮，則不露宿營帳。又若兵房營舍果有設備比較完善適於軍隊衛生，則有時利用此類兵房營舍亦並非必無之事。要之至少在德軍方面，總以駐紮城鄉房舍為原則。其在黃梅時節，則其他各國軍隊關於駐紮城鄉房屋一事，亦復難以避免。

四月八日之報告

余在四月三日，曾經電奏陛下，法國方面希望從速將其軍隊一部撤回；在直隸境內，只留殖民地軍一旅；其由常備軍所組成之一旅，則送回法國而去。至於啟程之期，現雖似乎未定，但準備開拔之舉，卻已顯而易見。倘若（法國）常備軍一旅開走，則法軍撤退保定之事，亦當聯帶而生。法國軍隊之紀律，日益敗壞；該軍軍官常以此事歸咎於工作太少給養過豐之故。其中尤以殖民地軍步隊為最甚。在天津華界方面，法國駐有一個大隊於此，幾乎每日皆有殺人及暴行之事發生；而法國軍官對此，竟無可如何。昨日曾輸送法國兵士一百一十人回法，皆係被處要塞監禁重刑者。又天津方面，英國軍官屢被法國兵士侮辱一事，據法軍長官之意，其中至少有一部分是由於英國軍官對於法兵之致敬，不加以回答。

四月十日之日記

盜匪橫行之事，將成最大禍患。其中一部分，係由中國逃兵所集成，而由美國逃兵所統率。

現在各國公使仍是緩步進行；預定明日會議一事，因（俄使）Giers不願在耶穌復活佳節工作之故，必須取消。

四月十三日之日記

現在各國公使畢竟探知，彼等本國政府所要求之賠款數目。但該使等對於此事，尚不能正式提出。此種背乎情理之行動，究竟有誰曾經見過？所幸此種不祥之舉，其影響尚不甚大，蓋華人對於賠款（內容）情形，早已探得，故也。至於華人常由俄美使館方面探知一切會議討論之內容：此事吾人固已早悉其詳，無所用其疑惑。又賠款總額約在十五億馬克左右。（約合華幣七億五千萬元）但美國方面之意，賠款總額不應超過十億馬克。英國方面頗欲附和其說。

四月十五日之日記

十二鐘左右，余曾赴主教Eavier及Jarlin早餐之請。在該處並遇見法國公使以及法國將軍Voyron，法國海軍提督Pottier，其他高級法國軍官等等。法使Pichon曾舉盃高祝吾皇健康。當余走入大廳之時，並奏Heil dir im Siegerkranz一曲。（按此係德國戰前國歌）此外彼等對余，亦復備極恭敬之至。法國人之在華者，既無對俄親善之表示，亦乏（向德）報仇之傾向。但余固深知巴黎方面之政治方針，卻不因此而有所變動。或者等待法國軍官將在此間所得印象携帶回國之後，可以逐漸促使法國政治，改變方針。

Voyron將軍告余，彼對於余擬在Huolu地方攻擊華軍並將其逐過山西境界之計畫，極為同意，現已轉告巴黎云云。此外彼並已決定，即或不得（巴黎方面）回云，亦當參加此項攻擊之舉。（按瓦氏四月十六日之報告有云：Voyron將軍一直至於今日，時常聲稱，彼奉有本國政府命令，在上述地點，不得對於華人採取攻勢云云。又法國公使Pichon曾謂此項命令之由來，係因法國議會方面，曾希望此後法國軍隊，若未先得議會之同意，不得再行實施攻取云云）余對於Voyron將軍此舉，固早已料定。蓋德國軍隊經過法國前哨之側。往攻數月以來久與法軍逼處之敵人，此實為法國軍士所最難堪者也，所不願坐視者也。假如現在法德軍隊合作之舉，果再成為事實則余當不勝歡喜之至。

四月十六日之日記

除了法國軍紀不振之外，美國軍隊紀律亦復極為敗壞。據云：昨日曾有美兵兩名，因其統率中國匪黨行劫之故被捕，從津解往北京。當其慢車駛出天津一百公里之後，該兩兵偕其護兵（四人）跳下車去，潛逃無蹤。所以現在共有六匪合做搶劫生意，以代前此兩匪。此事對於我們兵士，十分不好；因彼等眼中看見之壞事太多，而且常與許多不良分子聚首。

四月二十日之報告

皇上陛下，余敬謹報告四月十七十八日夜間之冬宮失火情形如下。

當余聽見外面院內火警之際，其時余方安寢未久。余之石綿行舍前面，（按此項石綿行舍，係由德國寄華，置在北京冬宮院內；因其易於暖溫之故，遂作瓦氏居所之用）站有複哨；其中一人當巡行該舍之際，忽見正房方面（指宮內房子而言）食堂旁邊之廚室兩個窗內，火燄向外射出。彼乃立刻警報余之兩個聽差，其時彼等尚未安寢，坐在自己房中。然後該哨兵又跑到軍官大廳之內，傳遞消息。因為中國房子建築上之關係，火勢蔓延，極為迅速。在發現失火之後，為時不過數分鐘，即已遍佈全體草蓋木架；按此項木架（涼棚）本係用以遮蔽日光張於建築之上者也。再過數分鐘之後，因為焚燒之草蓋木架，向下墜落，於是所有六間正房以及石綿行舍，差不多同時陷於火燄之中。現在上面巨大橫梁之僅用繩索拴在涼棚架上者，又復開始下墜。因此之故，救護此項建築，以及其中所藏物件之舉，自始即無希望。至於余個人則於倉卒著衣以後，以及帥笏與少數衣服救出之後，必須取道余之石綿行舍窗子，以往近傍軍官大廳而去。該舍房門之朝著Schwarzhoff將軍居室者，業已不能通過。其後該火復竄入與此正房緊接之兩處廂房內面。但此後不復再為蔓延。蓋因此處建築，係用圍牆圈住，幸與其他各宮室屋宇，完全隔斷，故也。余所引為欣慰得向陛下報告者，即所有各國軍隊，尤其是法英日三國，無不竭其全力速施救護。其中更以法國軍隊在Marchand中尉細心努力指揮之下，力使火勢限縮以至於撲滅，極為可以贊美。

至於余之參謀長Schwarzhoff陸軍少將殉命一事，現在已經調查確實者，即在失火以前數分鐘，彼曾離開住室，前往荷池散步。後因火燄高張之故，乃急返該處。總司令部中之三位軍官，曾接連先後前往該處助彼救火；而且該三軍官之中，正軍校Groeben與Frankenberg兩人差不多同時趕到，少校Marschall男爵則係隨後趕來。彼等曾將危險緊迫情形，警告該參謀長，請其從速離開該屋。少校Marschall男爵並派遣第一東亞步兵聯隊第四中隊兵士兩名，前入該屋之內。據最後曾在Schwarzhoff將軍旁邊之兵士所言，（一如今日——二〇二號——電報中業已上奏陛下者）即該參謀長或在橫梁下墜塞閉房門之時，尚到彼之寫字檯前；因其久居火燄煙氣充滿之室內，於是倒地不省人事。其時大家雖然立即覺有所失，但救濟之舉，在當時情境之下，實已無能為力。彼之屍首為火所焚，直至於不復認識辨別，係於四月十八晨早尋出。彼之暫時埋葬事宜，一與從前對於（已故）上校Yorck伯爵所舉行者相同。今日午前十鐘，在全體外交團以及各國軍隊將校弔唁之下，並有許多軍官以及此地天主教要人之伴送。從舉行喪儀之地，以至千福廟（？），各國軍隊兩旁排隊致敬。Schwarzhoff將軍係暫厝於該廟之中，一如當時Yorck作爵。（按瓦氏四月十八日之日記，有云：彼（指Schwarhoff而言）之死去，使余受一最大打擊；因彼乃係一位最有價值，為余素所尊敬之僚屬，以及極為超群之參謀長。彼具有非常之智慧，又復富於辦事經驗與世界智識。此外更能熟操法英義三國語言。換言之，彼真可謂余在此地最為需用之參謀長也）

其間余認為僥倖者，（計有二事）一為此次失火之時間，幸未向後展遲一二鐘頭，（以至夜闌人靜之時）二為余之參謀次長陸軍少將Gayl男爵，陛下之傳令使Boehu中尉與Lauenstein少校，均在保定之南，參加攻取Huolu關口之役，此事已於最近報告之中恭奏陛下。此三人者本與余之副官Wilbery正軍校，退職排長Bauch，以及余之個人，同罹火災之危者也。現在幸因出差之故，得免於難。否則此次被其犧牲，或當不止余之參謀長一人已也。

陸軍少將Gayl男爵，因受余之電召，已於今午到此。

關於失火原因一事，余曾立刻命人仔細考查；現在業已調查明白；而且華人方面並無惡意放火之嫌疑。至於失火之原因，當係由於鐵爐之火，延燒壁上之木皮紙面所致。該爐係在正房方面食堂旁邊廚室之中，立於壁前；而且因為保護該壁之故，從前曾於爐與壁之間，隔以石綿一大片。現在冬宮主要部分，雖然被焚，而余之大本營，尚可設置於此，（不必搬出）

四月十八日之日記
（此係後來補記者）

余之衣服，在火災之後，初極不備，其後到了Euxhaven，（德國漢堡附近之港口）更是完全破壞。當火災之後，余之換洗衣服，係得之於正軍校Blottnitz以及司令部幾位軍官。軍帽係得之於司令部衛兵。軍方係得之於騎兵。靴子係得之於高等軍法審判官Gelpcke。褲子係得之於司令部騎衛。腿套係得之於（德使）Mumm先生。軍刀——係在德國製造之中國式軍刀，——係得之於薩克遜邦兵軍官。軍刀之革帶等等則得之於Stuart將軍。余令Rengal矛騎聯隊裁縫Buddah，採用英國材料新製一套極為講究之深褐色衣服；又向中國鞋匠，定製高靴。

四月十九日之日記

攻取Huolu一事，現正全力進行。李（鴻章）慶（親王）二人竭力請余下令停止。蓋因劉將軍前此雖不奉行北京方面之命，但現在已由西安方面令彼立刻退後。余及命人答覆李氏，假如劉氏自願退後，則彼當然不會遭遇意外之事；但聯軍方面卻無論如何，必須進至城墻之下

外交團方面，對於余所條陳之警衛事宜鐵路佔領等等，以及過渡期間只留一萬二千人駐華之事，終竟加以採納；現在所欲聞知者，即各國政府對此當作何語。

余對於我們此次火災之事，尚未完全去懷。蓋此次火災之印象與結果，常使思想受其影響，對於中國事件之趣味，大為減少。此外余對於各國政府以及此間幾位公使之無聊情形，漸漸十分厭惡。更加以余對於此間事件，不能出來干預。所有對華全部問題，其關於政治方面者，余固久已認為完全弄錯；而且同此思想之人，當不止余一人已也。

四月二十三日之日記

余接到許多來電，其中對於Schwarzhoff將軍之死，以及余之僥倖得救頗致其同情之意。計所收到者為Lord Roberts，Lord Lansdowne，以及印度部長Lord Hamilton。此類慰電頗令人感動，但（此種紙上人情）亦未免過於便宜。至於彼等友愛之誼，余固未嘗因此而相信。

四月二十五日之日記

因相隔甚遠以及一部分不通電報之故，所有山西邊境消息，到此甚為緩慢。現在業經證明者，即德國四個縱隊，已於二十三日行抵城墻之下。其間雖與華人方面接火數次，但彼等未曾加以嚴重抵抗。至於法軍方面，對於此役，本不欲用全力為之，故其進行似乎甚為謹慎從事。（法國）將軍

Voyron今日告余云：現在彼欲將其軍隊，直從該處撤回；然後一直至於定縣（？）（約在保定南面一日之程）完全撤退，聽華人前往佔領云云。如此一來，則此次之役，除了一點精神上的勝利以外，實無何等重要意義。余對於此事可謂無能為力。蓋Voyron（將軍）可以自行其是，（無法制止）故也。但就此事之本身而論，亦並非十分不幸之舉。蓋吾人終有一日須將佔領之地，仍行放棄，故也。余甚希望其程度業已到了如此之達。

四月二十六日之日記

所有各國軍隊，對於和議進行之遷延，無不憤懣日增。在各國利害關係如此懸殊之下，必須許多時間，加以商議，固為當然之事；此外偶有一二國家，故意擺佈種種難關，亦係或有之事；但此間（各使）工作竟有如此之慢，則真是完全出人意料之外。一部分責任，應由西班牙公使Cologan先生擔負，因彼為外交團領袖，決定開議日期，行使主席職權，故也。彼未嘗具有一點威望。彼之同事（各使）時常向彼譏侮。迨至和議事畢之後，彼之（公使）位置，即將取消；蓋西班牙（政府）現有廢去（駐華）使館之聰慧念頭，故也。因此之故，對於Cologan先生，實不勝愉快之至，倘和議結束之事，若能往後再為拖延。

四月二十七日之日記

倘法國方面對於華人，果欲待以友誼，則其原因必係由於俄國方面之影響。但英日兩國亦復無意再有何等（軍事）動作。大家皆將撤退直隸之事，放在眼中，著手準備一切；但彼此均互不相信。在此種情形之下，以扮演統帥一角，並非十分開心之事。

五月三日之日記

余所擬要求賠款問題與支付方法問題分開辦理之條陳，未蒙柏林方面之贊成。現在戰爭費用，當然與日俱增；愈為向後拖延，則愈使中國難於支付。如果柏林方面相信，所有遠征費用，皆可全由中國賠付，則實為一種錯誤之見。

五月五日之日記

余曾屢言夏季之來，將帶許多病症而至云云，但此語卻未被人加以注意。現在如不從速結束，則我們勢將塞滿此間墳園墓地，更將輸許多廢兵回國。而其所以致此之原因，則無非由於外交界方面之不幸爭執而已。

此後恐已不復再有較大軍事行動，此間現已漸漸成為一種駐防生活之情形。北京方面為各種遊歷者所充塞，每個軍官當然皆欲一到此間看看。所有物價漸趨昂貴；許多商店因此賺錢不少。（按瓦氏原注：依照我們見解，此間土產物品之價值，仍極便宜。一隻肥羊，只值五個馬克。（約合華幣二元五角）一隻野雞，只值五十非里徐，（約合華幣二角五分）一隻鴨子，只值三十非里徐，十五個蛋，只值二十非里徐）所有工資，較之尋常，至少增漲三倍；因為對於苦力，亦算是一種好日子。更加以聯軍對於中國，未嘗責以供給；所有百物，均係給現購買，而且按照甚高之價付給。因此之故，此間現駐聯軍六萬，對於本地居民，實際上殊無痛苦可言，其中許多居民，生涯之善更往往勝於平時。

八國共同作戰之事，本係一種幻想。而此種實情未被（中國）群眾完全看破，以及聯軍各國之間未嘗公開衝突，此則不能不算為余之小小功勞。

五月六日之日記

美軍已於昨日開始撤退，至於法軍方面，則尚未完全定奪。但余決不疑惑，（法國）將軍Voyron將於五個星期之內，裝運九千軍隊而去；因彼曾經向余如此通知，故也。假若俄法美三國皆相信，無須大軍駐此，亦可獲得賠款到手，則我們又何嘗不可如此相信。現在我們似乎成為一種擔任強制執行之人，此事余深引為不甚光榮者也。此外尚有一事可以認為滿意者，即現有幾位外交人員對於余之意見，開始加以附和。

五月十日之日記

在法國軍官之中，對於本國政府嚴禁攻擊山西境上中國軍隊一事，極不滿意。此種情形之所以發生，實為最易明瞭之事。蓋彼等現在必須袖手靜視我們如何活動進行，故也。余相信（巴黎）後幕之中，實有俄國陰謀在內。俄國方面明知我們與法軍之間，在此極為相洽；假如（德法）共同作戰勝利，則當然更使兩軍現有友誼愈為進步，或者甚至於法國國內亦難免不受影響。

我們陸軍部中，現在亦復著手研究撤兵問題。當遠征隊（從國內）出發之時，（部中）對於用錢一事，未嘗加以絲毫限制。而現在則主張萬事皆宜從儉。尤其是不欲多賃船隻。換言之我們務將每隻運兵船上，塞到不可再塞。此事對於兵眾方面，當感無限痛苦，尤其是在此不良季候之時。

余對於總司令部之回航一事，擬用醫艦Gera，而且已於四個星期之前通知柏林。現在陸軍部方面來電，謂Gera艦上可以附載一千二百人；若余獨自佔有該艦，則將多增一百萬（馬克）支出云云，余當即回覆一電，略謂余甚願意附載三百養病之人，因彼等不能利用軍隊運輸艦裝運，故也。但（部中）卻不能強余乘坐運輸軍隊船隻，以作旅行。此外，余並請轉求皇上，定奪此事。

五月十二日之日記

昨日（英國）上校Grierson曾來余處報告，謂英國公使曾接Lord Lansdowne來電，其中對於撤兵一事，英國可以同意，只要中國承認列強所提賠款總數云云。換言之，英國方面對於余之提議，業已採納。但余對於該上校，卻有緘默不肯明言者一事，即柏林方面之想法，完全不同，尚欲要求中國提出保證，是也。假如英國方面對於撤兵一事，果已決意實行，則余相信柏林方面終當讓步。此種永久飄搖不定之局面，逐漸發生不便。因為政治方面完全錯誤，以及各國政府毫無氣力之故，究竟何時結束，真是不能預料。尤其是，未有一人對於中國皇室方面情勢，稍稍懂得一點；現在每刻之中，皆可以發生出人意外之事。

頃得消息，華人方面業已承認賠款總額四億五千萬兩。換言之，即是十三億五千萬馬克。現在總算是向前進了一步。

昨晚（法國）將軍Voyron及公使Pichon，曾設一個規模宏大結果甚佳之宴會。而且該宴會係設在大理石橋西邊皇宮內面一座廟子之中；其中一切房舍尚係完全整好。所有（各國）公使，將軍，高級軍官，皆在被邀之列。其間令余驚訝者，即慶親王李鴻章二人亦在座中。彼二人隨帶侍從甚多；當開宴之際，該侍從人等皆在彼等主人背後，或站立，或坐在地下，大部分皆在抽煙。所有法國人士皆極親切可愛。其餘在座諸人，亦無不如此。法國中尉Marchand係為此次宴會之提調。其中一切安排，確是極為精當。至於座次問題之支配，其情形如下：余伴領（法使）Pichon夫人。並坐在伊之右旁。慶親王則坐在伊之左旁。該親王對此，極為滿意，因華俗尚左，故也。（法國）將軍Voyron朗誦席間祝詞，對於華人備極侮辱誹謗之至。其中念到『可惡可畏之犯罪行為』Crime abominable一語，更以揚厲之音出之。其後慶親王以華語作答，但並未加以翻譯。李鴻章一點也不吃，惟大抽其煙不已。慶李二人對於此次設宴地點，原來不知；當其被人抬到廟內之時，乃大驚不已；蓋該廟為上行皇帝舉行喪禮之所，視為特別神聖者也。應用此地以作跳舞宴會之所，並請中國大臣列席，在實際上真可稱為一種暴行，本應加以避免者也。（按瓦氏五月十三日之日記，有云：余曾在暗中探知，究竟慶親王李鴻章二人對於此次廟內設宴之觀感如何。彼二人在實際上對此極為憤怒；但以其為真正華人（天性關係）之故，旋即想開，（不復介意）彼等以為『歐洲人可謂蠢到極點，竟不知此廟係何等神聖之地。我們對於歐人此種不可思議之愚昧，應該加以原諒云云』）

五月十三日之日記

專門家如Robert Hart（總稅務司赫德）之類，皆以為假如列強之間，對於中國支付賠款方法，業已歸於一致，則和約不久即可成功云云。換言之，即係余自四個月以來時常不倦言之者；困難之點並非出自華人，乃係由於列強自作，是也。余之所以不斷的催促進行者，誠以現在中國皇室方面趨向和平之空氣，恐有一旦歸於消滅之虞。其結果我們不免竟將恰好時機錯過。近來拳黨忽又猖獗起來一事，或者更足以證明吾言不虛。（德使）Mumm先生近來十分引為不幸者，即各國公使對於支付賠款方法，尚未接有一定訓令。但是此項問題何以不於正月初旬之時，即行加以努力討論？現在大家均不欲擔負其咎。此種列強合奏大會之可悲現象，實可謂自古及今未有過於此者。假如我們只是能得一個相當下場，（即可算是如天之福）我們在此實已無可希冀，但是對於我們極為不便之紛亂，卻可一朝成立。又保定之南，曾有數千拳黨，竟將派往該處之中國官軍擊敗；法國軍隊現方設法援助此項中國官軍；現在余已居然自認為攻打拳黨之中國官軍統帥矣！

五月十六日之日記

昨日皇上拍來一電，使余不勝欣喜。蓋因該電之內皇上對於余所條陳之減縮遠征隊一事，加以認可，故也。但願上帝保佑，此種決議不再變更。余之為此條陳也，曾經詳細思維，並自知所負責任之重。現隸之六萬人，實無異一個警察大隊，但為華人執行憲兵職務而已。我們國內之人，當然以為此項軍隊應該留駐中國，以便對於中國政府實施壓迫；但卻不思此項壓迫，究竟如何實施。中國皇室現住距離此地一千公里之遠；假如我們再向該處前進，則該皇室只須再往內面避走而已。但此種前進之事，實際上絕對不能實行；因為大多數聯軍國家，無論如何不願共同行動，故也。於是余之手中只有八九千德人，或再加上二千義人而已。此外俄美兩國，或者尚有抗議提出。於是聯軍之間不免互相爭論起來，此固為華人方面時常希冀者。即就軍事方面而論，此種攻取行動，僅以如此微少之兵力為之，亦係毫無意識之舉；蓋因攻擊目標，距離太遠，故也。

至於直隸方面，並無何種（攻擊）目標，能因其陷落之故，足使華人大感不便者。其實我們現在全為將到眼前之不良季候所束縛，不能行動自由。現在天氣業已開始炎熱，不久更將繼長增高，以至於軍事行動，大感不便。此外再過四個星期之後，行將大落其雨；所有半個直隸，皆將變成沼澤。此種情形至少當延到九月初旬方止。我們屆時果應再行採取攻勢嗎？有誰願與我們合作呢？此項攻勢之目標，究竟應在何處？戰爭費用，與日俱增，究竟誰人擔負？我們在此，已無可為，離開此地，愈速愈妙。余不能在筆墨之上，盡情吐露，到處傳播；（我們國內）政策之紊亂，當局之特別，余最好是（師學金人）三緘其口。

十三日余在（德使）Mumm先生之處，彼為（美國）將軍Chaffee餞行。因此之故，列席諸客全是美人。該將軍為余在華所識之勇敢男兒。是日彼曾發言，對於彼與余之關係情形，每以極為詳懇親切之語出之。最後所有在座美人，皆一致請余，無論如何，必須取道美國San Franzisko而歸。彼等更言，余只須行抵該處而已，其餘一切，自有彼等辦理，可以不管；惟舉行凱旋典禮一事，則余必須準備參與，不得辭謝。此外彼等對於此種旅行在政治上之重要意義，曾加以鄭重討論。並謂自古巴戰爭仇視德國以來之彼此隔閡情形，皆可因此旅行而掃去云云。余當時頗為彼等之言所感動，但余卻自思，最好仍是取道原路而歸。所謂凱旋典禮，對於美國人當然是一場娛樂，對於新聞家當然是一場忙碌，對於我個人卻是一場痛苦。最後，余尚須前赴各城勾留，以便喜看熱鬧之人，前來參觀。余對此只好衷心感謝。余現在只有一個希望，即是從速到家而已。但余心中不勝欣喜者，即余在此地，能與美國人士歡然相別，（未嘗兇終隙末）至於余與法人方面之相洽情形，亦可謂與此相似。（法國）將軍Voyron因將啟行赴津，曾來余處辭行；並向余云：彼將來極願時常回思與余共事之日。此外對於余之時以優禮相待，更為感激不已。尤有令彼十分滿意者，即關於評論此間時局一事，彼常與余之意見相同云云。此語可謂一點不虛。又余從毫無關係之第三者方面聞知，此間英人對余，亦極滿意；彼等在余統率之下，甚覺十分愉適云云。至於日人方面，則余知之甚確，即彼等對余之明白贊揚日軍才能一事，極為欣慰不已。尤其是，余對日軍常以平等資格相待之舉，最令彼等滿意。

一切情形，皆甚美滿。余之心中，亦極欣慰。雖然如此，但余卻相信，總司令部解散之期，實已到臨，不可再緩。倘若余在此間之重要位置，必須聽其自行毀腐，此實對於一般利益不能無損者。

近來英美兩國軍官，彼此甚趨接近親密。此事無論如何，當係由於本國政府之訓令使然。最初之時，此間英國人士對於美軍態度，本不甚表同情，而現在英人則又主張彼等乃係同種，而且因利害相同之故，實應互相倚助云云。假如英國在南非方面，軍事不曾如彼失敗，則彼或當不至如此講美國友誼。

五月十八日之日記

昨晚余赴（德使）Mumm之宴；蓋是日各國公使因與法國公使餞行，皆在該處聚會，故也。當（法使）Pichon舉杯敬致謝辭之際，曾以極為親熱之語，提乃余之個人以及德國軍隊。法使此舉最足令人注意者，即當著各國公使，以及俄使在場而為此言也。余對於Pichon之去，不勝惋惜之至。彼在此地，常與Mumm合作；而且時常聯成共同戰線，以抗俄美兩國。余相信Pichon對於法國幾種政策，皆不贊成，甚希望對德保有永久和平關係。

五月十九日之日記

贖身之期，畢竟逐漸接近！自余與皇上（彼現Urville），及伯爵Schlieffen屢通電報之後，於是皇上現乃告余，彼已發出命令，租僱運兵回國船隻。而且對於余所條陳之駐防旅隊組織辦法，業已採納；此項命令，八日之後，即可辦好。此外鐵甲艦隊，並將同時召回云云。由此可以見出，皇上對於此種不良局面，已有加以結束之心。至於總司令部，現在當然應在解散之列。余所希望者，只是不要再行將余緊留此間，以待北京撤兵結束之後。

（德使）Mumm對於柏林方面拍來一電，殊感不樂。蓋該電內容係令該使加倍催促和議進行云云。卻不一思該究竟何從著手？此時過錯，乃係全在各國政府，對於支付賠款方法，不能一致之故。至於Mumm在此作事，實無時不在勤奮之中；並時常皆願和議進步。

五月二十日之報告

余於本月十四十五兩日，曾經前往檢閱德國第二步兵旅，以及該旅所屬他種武裝。余係於十四日早晨，乘坐法國專車，前赴保定。（法國）將軍Bailloud與其參謀人員，皆在該處參與正式歡迎之舉。此外本城以及鄰縣之（中國）官吏亦皆來此祝賀；並獻余東洋習俗流行之禮物，以及旗傘五十左右。傘上並書有對余贊美之詞，感謝余之已往保護，以及請求余之繼續保護云云。余並於即日前往審視衛戍方面之一切設備。計已檢閱者，為戰地醫院騎兵營盤，（係在城之東北）砲隊營盤及兵房。此外更與Bailloud將軍，交相拜訪一次。該將軍對於彼之本國政府所下法軍不得攻擊華人之訓令，認為極不適當，頗露怏怏不樂之意。此種（袖手旁觀之）可憐態度，對於敢作敢為不安於逸之該將軍，實屬難堪之極。其中尤以最近幾次城下之戰為甚；蓋其時彼雖手持軍器，立於戰場之旁，卻不能上前接戰，故也。該將軍之意，以為倘若法國軍隊當初採取嚴厲手段，則保定南部之拳黨活動，早已壓迫下去；並可使山西中國官軍，得一較深之印象云云。又該將軍頗疑彼之本國政府出此態度，係受俄國方面之影響；不過該將軍對於此事，措辭稍稍謹慎，但令人領會其意而已。若據余之個人觀察經驗，則甚覺該將軍所料，可謂完全不錯。

五月二十日之日記

余曾到火車站，為（法使）Pichon全家送行。在該處之時，余得與（英使）Ernest Satow晤談。彼謂余曰：相信和議之事，至遲六月底間，可以結束云云。此語真使余不勝驚訝之至。其後余乃聞知，彼之本國政府，現已促從速進行云云。又（英國）將軍Gaselee曾將彼之本國政府來電云余；該電之內，彼曾被其政府諮詢，究竟余（瓦氏自稱）之方面，是否認為開始撤兵之時機，現在業已到臨？英國方面不欲單獨行動，願與我們同其步驟。

各位公使先生，看見北京撤兵之期，日益逼近，不勝恐懼之至。因為對於彼等，現在又將另闢一個時代。彼等從此又將縮居污濁使館區域之內。其中雖有二千軍隊與彼等共同居住，但彼等之生活情形，卻很難因此增色。不過就余個人之意而論，則以為各位（公使）先生，如能提前三個月，即過此種生活，實遠勝於數百勇敢兵士在此死亡，以及常罹疾病。

五月二十一日之日記

今日Dschofu（周馥？）曾來余處要求數事，余已允許幾件。彼係一位識見通達之人；在（中國）議和代表中，為余最喜悅者。

五月二十二日之日記

關於總司令部解散一事，柏林方面仍無絲毫動靜；或者現正與其他列強商議此事，亦未可知。但余之意，總疑當局對於此事，未能毅然有所決定。

外交家之兩副舌頭，今日余又領教一次。某國——余在此處，不願直指其名，——曾向柏林方面通知，彼對於四億五千萬兩之（賠款）要求，完全同意云云；但同時卻又令彼之此地公使設法再將此數大為減少！

五月二十三日之日記

假如余果相信，留駐此間，實為必要，則余甚願將余最後一點精力，為之犧牲不辭。但余既已深悉，外交方面若稍有一點力量與先知，和議之事固早已結束；則今日余之留此，（乃係被人牽累所致）實無快樂之可言。現在世界缺少一位俾斯麥；倘若他還活著，則此間局面，當與今日大不相同。

五月二十五日之日記

皇上今日電余，謂彼已下令撤回鐵甲艦隊云云。此項撤回之議，余最近亦已表示同意。至於撤回之真因，余將於以後再談。數月以來，國內某某數方面，即已不斷設法運動，速將艦隊撤回。一部分係由於個人關係，一部分則由於其他微小顧忌；究竟艦隊一物，此地是否需用？則先生們殊無暇過問，不以為意。至於皇上個人，則始終主張，究竟撤回之期是否已到，須聽余一人決定云云。（按五月十一日德皇曾從Strassburg電告瓦氏云：春初所計畫之御前秋操，將在Danzig舉行。並以大批軍艦共同動作，如登岸演習軍隊操演之類。鐵甲艦隊必須加入其中。俄皇對於艦隊演習一事，已擬屆時列席參觀。鐵甲艦隊必須於本月之中或本月底間航回（德國）閣下能否放回該項艦隊？艦隊訓練一事，因此地種種意外之事以及船隻缺乏之故，直至今日未能實行。假如戰艦最後不能重行聯合起來，則秋操之舉，行將陷於危險云云。此即上文所謂撤回之真因是也）

數日以來，屢與柏林電商，留駐此間軍隊之組織問題。對於運兵回國之事，亦已討論及之。余竭力避居旁邊，（不願多所主張）只是保持總司令地位所應有之論點而已。至於其餘一切細目，皆係德國遠征隊司令（Lessel）之事。此外余對於該司令之（繁難）責任，真是不敢加以羨妒。在兩萬人之中，只有三千人自願留此。我們對於兵士此種態度，實不應加以非難；縱然我們給餉豐厚，亦無責備彼等之理。

五月二十六日之日記

倘若有人曾相信，此後已無意外奇妙之事，再行發生者，則此人現在必當增長一些見識。外交團在昨日一天之中，竟開了三次會議！蓋彼等曾奉本國政府命令，趕快進行。——究竟從前那種長期拖延，乃是完全出於必要嗎？此次和議情形，實為外交無能，政治短見之一種可悲現象，可以傳諸百世而不朽者也。

五月二十七日之報告

假如中國首都尚在聯軍重兵佔領之下，則中國皇室回京之事，余以為絕對不能實現。但是中國皇室如一日不到北京，則該皇室一日立於各種（排外徒黨）勢力之下，為我們在此無從加以監督者。而且據余之意，可以令人信任幾分之中國實際政府因此亦復一曰不能成立。以是之故，余相信撤兵北京一事，可以促進皇室回鑾之舉；對於中國局勢之安定，當有極良影響。至於中國皇室對於具有重大國際兵力之外交團勢力，當然不能完全逃避擺脫。

五月二十七日之日記

余在昨日深晚之時，從（德使）Mumm處聞知，皇上業已通告聯軍各國云：彼因現在已無重大軍事行動之故，認為召還總司令部之時機，業已到臨云云。

余已將鐵甲艦隊解（去駐防之）職，定於三十一日由吳淞啟程（回國）。

五月二十九日之日記

自從二十六日晚間，（德使）Mumm先生見告撤回總司令部之事以後，余對於此事，遂不復再有所聞，此實令余殊感不快。蓋余必須先奉歸國命令，然後始能預備行裝，故也。自昨日上午以來，路透電乃證明撤回之舉，確係事實！

五月三十日之日記

撤兵之事，現已決定，而且本來亦已動手實作。此事竟能在償付賠款方法尚未解決之前，先行辦理，實可稱為余之勝利，以及戰敗外交人員。（德國）國務總理對於此事，亦不得不俯首相從。余相信當有許多人士對余致其感謝；蓋此種甚難解決之問題，若待其最後決定，（至少）需時數月也。

五月三十一日之日記

關於余之行止問題，今日仍在不可捉摸之中。余曾接到柏林私人電報，述及余之召還事件；又報紙電報，亦曾報告此事；此外駐京各使，亦皆知有其事。惟柏林官界，竟無一處覺得，（此事確有）對余通知（之必要）如果國內之人真相信，余只須往乘火車向上一登而已，則又足以證明我們國內對於此間情形如何隔閡。

關於償付賠款方法之討論，仍是繼續緩緩而行。更因天氣大熱之故，進行益為緩慢。蓋所有與會之人，皆少工作興趣，故也。俄美兩國公使，已偕其家屬搬到山上賃廟居住；彼等甚不喜歡，時常必須跑回北京參與會議。

頃間以前，（德使）Mumm曾經電余云：彼已奉到國務總理命令，令其通知中國政府，現余已被（本國政府）召還云云。因此，余之職務算是從此終結。但余在未奉皇上命令之前，卻不能逕行啟程。

六月一日之報告

皇上陛下，現在余即已奉到陛下停止總司令部職務之令，茲特冒昧將余駐華九月所得之印象，敬謹陳奏如下。

現在中國皇室方面，主張從速議和結約立志改造中國以謀救治之人，似乎漸佔優勢。聯軍所提和約條件之輕微，當然愈使此派張目。此外中國從前曾有利用聯軍彼此原有的齟齬以及屢次表現的衝突，再將和議條件減輕之希望，現在業已不再作此妄想。至於中國方面可以償付列強所提賠款數目，而且不至因此陷於精疲力盡之途，此則為余所深信不疑者。

至於中國與列強之關係，則余相信，俄羅斯一國將被中國視作最為危險之敵人。雖李鴻章個人似乎曾受俄國之賄，常以中俄兩國合作為言；但此間人士之對俄態度，卻正在變化之中。滿洲佔領一事，在一般具有遠識之華人看來，皆認為將來不免漸由佔領，變成合併；此事將使本朝皇室陷於極險之境。蓋該皇室之威信，經過此次拳變之後，固早已大受影響，故也。滿洲為本朝發祥之地，其祖先陵墓亦在奉天。自明朝傾覆以後，滿人即行入主中國。假如滿洲終於完全喪失，則本朝前途命運，勢將成為疑問。現在中國許多地方，已有漢人自立朝代之宣傳。北京與滿洲邊界相距，只有一百五十公里之遙；倘若北京直接常受俄國壓迫之危，則其首都地位，勢難支持下去。現在（華人方面）甚希望一種日英同盟，對於（俄人）完全合併滿洲一事，能加以防阻。其在日本方面，近亦漸漸相信，與華和平合作，始可達到福利之途。至於美國方面，則只希望對華商業發達，以使彼之工業得到巨大銷場；並常特別努力運動和議條件減輕，以開兩國親善之端。

英法兩國自一八六一年戰爭以來，在東亞方面所取得之重要地位，因受去年事變之影響，不免大為搖動。至於該兩國駐值軍隊之未作有力行動，其在英國方面，則令人想見其軍力之薄弱；其在法國方面，則歸根於俄國之影響。

當英法威信向下墜落之時，而德國之聲望卻特別上升。對於東方人，只有強大勢力，以及具有應用此項勢力之決心，始足引起彼等注意。（德國在華）陸海軍力之擴張；而且訓練之佳，常為聯軍各國兵隊所承認；更加以（德國）戰鬥艦停泊南京之前；德國軍隊，雖在嚴冬亦復不斷努力，無論對待拳黨官軍皆以嚴厲手段行之；德國騎兵之發現於蒙古，深入於山西；以及如有必要之時，尚將向著山西方面大取勢攻，或者竟自越過山西，再行攻入（他省）以上種種，皆使華人得著一種深刻印象。倘若余謂，在各國軍隊之中，常使華人引為憂懼者，當推德國遠征隊云云，實非過甚之言。而且余更確信不疑者，即此種印象當不易於轉瞬忘去。究竟我們如何利用此種機會，以使我們對於鐵路礦山讓與商業優先利益之希望，得以實現滿足，此則非余職責之內所應加以主張判斷者。但余相信可以直言者，即經陛下主張遣送海陸軍隊，以及議設（聯軍）總司令一職而由德國將領擔任之後，德國東亞方面之勢力，大為增漲；因而德國商人及工業家發展企業之慾望，亦復同時並肩而進。

在直隸方面，耶穌新教牧師之活動，係最近數十年來之事；而天主教牧師在此工作，則已有數百年之久。因此之故，此地教徒當然以屬於天主教會方面者為多。其結果余對於中國教徒及教會牧師，如有保護加惠之舉，大抵皆落在天主教徒身上。天主教主教對於此事，向余極為感謝；而且公然向余表示，彼等對於法國軍隊之幫助不力，至為失望云云。余從主教Favier談話中間察知，（羅馬）神聖教皇對於此種情形，亦已得悉。余希望天主教會方面，當從此次情形得知，陛下凡是關於保護教徒之舉，固不問其屬於何種教派，而一視同仁也。

六月二日之報告

據此間所表現之各種徵候看來，中國皇室回京之事，似已決定；並已定在九月。至於回鑾之先決條件，若照中國人民意見，則為聯軍本部必須先行撤退北京。倘若中國皇帝此時實行回鑾，無異立於外國軍隊保護之下，則據華人意思，彼將從此『喪失臉面；』換言之，永遠不足有為。（此外）余更有確信不疑者，即中國方面必定還要設法要求減少留衛使館之軍隊人數。但余卻深知，假如我們堅持不讓，則中國皇帝亦將知其無可換回，安然下去；又因使館區域並不甚大之故，彼在實際上對於外國軍隊之行動，亦復無從知之。至於中國皇帝回京一事，余亦認為必要；蓋直隸省內至今尚未全熄之拳民運動，彼當可加以最後肅清，故也。

余從可靠方面聞得，俄國佔領滿洲一事，曾遇不少困難。該地居民本來即不馴靜，遠較其他純粹漢人居民為勇邁；更因俄人之暴虐殘忍行動，達於極點，以致該地居民深受刺激，極為不安；常有武裝完備之騎兵數百成群，襲擊俄軍，使其坐臥不寧。

六月五日至八日之日記

（時在Hertha艦上由大沽到Kobe之途中）

關於余之召還一事，在柏林方面似曾猶豫不定。國務總理致與（駐京德國）公使之電，其後繼以陸軍總長參謀總長之電，皆言及總司令部解散與其歸國之事。此外（奧國）皇帝Franz Joseph更有一個極為親切之電報，足以證實果有其事。又大部分駐京各國公使及各國軍隊司令，亦無不知有其事。只是皇上始終未有命令給余。至於拍與（德使）Mumm之電，其用意所在，無非使余不能由此得有把握，以定一切行動。二日晚間，（參謀總長）Schlieffen伯爵，乃來一電，謂皇上因余熟識（此間）情形之故，關於啟程日期，由余自定云云。余於三日，前往天津。四日復在該處，接得皇上一電，其內容與上述電文相同。余固深知，余之卸去帥職以及啟程離華，乃係一種重要行動，而且擔負一種巨大責任；但余對於一切，皆曾靜自思量，仍照原來主意，決定離華而去。余與各國軍隊，皆以書面作別。此外更電告俄皇、奧皇、日皇、英王、義王。陳報余之卸去帥職事件。當拍寄維也納之電，尚未發出以前，奧皇Franz Joseph已來一個極為親切之電報對於余之照料奧軍一事，致其謝意。

此次余對於余之隆高地位，不但自始至終保持不墜，而且尚有兩點特別使其提高。一為外交團方面，初時對余尚不願俯首相從者，最後無不受余勢力所支配。二為華人對余，不但是畏敬無已，而且是樂與接洽。換言之，余之應付一切，當係恰到好處無疑。至於華人之天性及教育，皆極重禮貌，對於形式上最為講究；但其為人虛偽欺詐，夜郎自大如果別人不加干涉，聽其為之；蓋彼等只是服從勢力而已。余之對待彼等，極有禮貌，備為尊敬；（如優禮接待，軍隊致敬，遣兵護送之類）對於私人，有所請求，亦常滿口承應為之。惟在公事之上，則極為嚴厲，有時竟至殘酷而不辭。余固深知，彼等實際上雖然不能愛余，但現在對余之去，卻亦非所樂視。

其在軍事方面，本有一些暗礁當途，但余幸而從旁通過；直至臨別之時，未有何等惱怒，未受何等打擊。尤其令余十分滿意者，即在德法兩國軍隊之間，余曾闢立一個親善基礎。即就（法國）將軍Voyron個人而論，彼雖對於Sedan一役所受傷痕以及身為俘虜之事，尚未完全去懷，而且極喜自行已意；但其後對於余之聲威地位終竟承認，並且逐漸與余相親相信。到了最後臨別之時，更是親熱無已。至於de Grandprey與Marchand兩位（法國）中尉，在北京之時與余來往甚密。當余啟程前一日，來相作別，最為動情。Grandprey曾向余云：『貴國皇帝遣君來此，可謂「善於選材」Coup de maître。所有此間法國軍士，皆以受君指揮作戰為榮；對君之尊敬，實是與日俱增。我們對於君之相待以誠，十分感激。君在我們兵士臉上，當亦可以看出彼等如何愛君云云』Marchand則謂余曰：『君或尚不自知，究竟君與我們在此，成就了一些什麼。君已將一切現尚根深蒂固之成見與惡感，完全掃除。君所架設之橋樑，實為一切頭腦清楚之法人所願走。余相信（此次）中國（一役）實可以看作我們兩國關係之一個新段落。其所以能夠致此者，實君一人之力也云云』余固深知，此間德法兩軍之親善關係，實際上並不能影響法國政治方針；只須巴黎隨便一點機會，即可立使報仇呼聲依然四起。不過余卻相信，此間共同生活一番，毫不發生一點良好效果，亦恐係必無之事。

至於余與英人亦復甚為相洽。只是余對於英國政治（內幕）過於洞悉，以致在此對英，頗難表示同情。英國自南非一役完全失敗以後，遇事不免中餒，此固吾人不應加以責備者。至於英人自身彼此絕對團結，則吾人更應加以贊許。惟彼等有時推拒旁人，雖用大膽之扯謊，可厭之虛偽而不惜；只要彼等相信由此可以達到目的，則雖無顧忌而不辭。現在世界之人對於英國此種行為，於南非戰爭之中，固已完全看破。蓋英國方面常極力宣傳幫助萬國流氓結晶的Uitländer人之權利，故也。余在中國境內曾遇許多事件，可以引作比喻。余將於他次，再為詳談。近來因為柏林方面，曾有改善德俄關係之努力，於是吾人在此，立覺此間英人最近之態度及行動，每有引人特別注意之處。因為余恐在此最後鐘頭，猶與彼等發生衝突之故，（此種衝突，當然以避免為善）亦為余欲速去原因之一。

撤兵北京之事，實行頗不容易。蓋因只有一種單行軌道，而且設備不豐之鐵路，足以應用，故也。正是此種事件之中，余與各國將領恐將不免發生爭執。因余甚疑各該將領頗有逐漸脫離余的勢力範圍之意；彼等時常託辭，謂裝船一事，因奉本國政府之命令不便違抗云云。但德國總司令部之善始善終離開此地實為吾國利益計，尤其是為皇上利益計，所應加努力者也。余對於此事，亦復認為應該速去的原因之一，務勿待至發生困難之時。

六月三日早晨八點四十五分，已為余備下一列專車。七點三十分，余離開冬宮。最初先行閱視門前排列之總司令部隊伍。其後再行閱視宮中衛戍營，第一步兵聯隊中之第一步兵大隊，獵兵中隊，騎兵聯軍中之第二騎兵中隊，（此隊列在荷池東岸）並向彼等略致作別之辭。然後堂皇車駕，始動手出發。最先前行者，為Bengal矛騎中隊。其次則為Enlenburg伯爵與本部騎衛，係在余車之前；該項騎衛皆穿著新衣，騎著美馬，看去甚為壯麗；彼等（執行職務）頗能顯其才幹。在余車之旁邊，則為Bengal矛騎中隊隊長乘馬隨之而行；其後並有總司令部中之軍官若干人，緊緊跟隨。至於余之車輛係以棕色美馬駕之；並有Gayl將軍坐在余之旁邊。車輛之後，則為騎兵聯隊中之第二騎兵中隊；該中隊所有之過去成績，實為歷史中所不多見者。最初穿過屬於德國軍營之元師街；在此街之中，我們最稱精幹之警官Jena中尉，曾令全街居民排立，並令彼等高呼Hurra。（此種歡呼之聲極為整齊，必是曾經加以特別練習無疑）然後經過禁城以及三個美麗大門。最後一直前行，穿過御街，橫截瓦德西街，以至天壇旁邊之大場；該處即為車站所在之地。余從此處乘馬先行，馳過一個日本步兵大隊與一個日本騎兵中隊，以及三個義大利步兵中隊；然後轉向德國衛戍營方面而去，蓋該營早已列隊待余，故也。當余馳過該營陣線以後，乃與該營軍士告別，逕向車站而去。在該站之上，更有德國中隊印度中隊各一，鵠候。所有全體外交團，全體德國將校團，大多數英日義奧軍官，以及一部分法俄兩國軍官，均曾到場。此外年紀老邁之Sir Bobert Hart（赫德）與幾位外交界夫人，亦曾來送。至於華人方面，則為議和使者Dschofu（周馥？）與李（鴻章）慶（親王）二人代表，以及其他幾位華人。若欲一一作別，真是不甚容易。當此之時，尚有一些親切友誼之辭，來余耳底。其後火車慢慢開動，該處禮兵，舉槍致敬；日本砲隊，開散禮砲。其時（德國）將軍Trotha站在右翼，於是大呼Hurra；而（英國）將軍Gaselee與英國各將校，則站在左翼，高呼Hep hep Hurra。最後火車穿過城隙而去，北京已在余之背後矣！

一直至於天津，沿途落雨不止。若從車中望去，則當見此間土地之浸漬，何等迅速。沿途車站，皆有印度禮兵，排隊致敬。余於二鐘左右抵津。該處復受德英法中隊及將校團之歡迎。惟該處現正不甚安靜；因昨晚曾有一個英國崗警，向著法德兵士開槍，結果打死三個法人，打傷五個法人三個德人，故也。（法國）將軍Voyron請余擔任仲裁之職。當余向彼推謝，略謂余在此地已不能再為發言；彼乃向余言曰：『君在此間，享有無限聲望，足使我們全體服從。只有閣下始能將此最為不快之事，加以圓滿解決云云』余遂著手切實調查此事真相，並與（法國）Voyron（英國）Campbell兩位將軍，談判甚久；終得一個雙方滿意之解決。因此余對於余之原來旅行計畫，不必加以更改。

此事事變，係由法人惹起，而德國兵士則上前附和法人；換言之，彼等實有不合。但英人竟如此殘忍，擅用火器，確是一種可鄙行為。該英人等不管一切，直向群眾之中放擊，其結果當然只是無辜之人，身受其害。英人在此，時常自討各國軍隊之厭憎。自從英國從香港方面將Welsy Fuseliers一個步兵大隊調來此地之後，反對英人之惡聲更是繼長增高。余現在已不復記憶，究竟余生平曾否遇著過一種軍隊，其外形與態度之不適余意，恰有如該軍者？該軍係由英國居民中之（流氓）污垢所組成。當彼等開到之時，因其舉動輕挑之故，立即為眾所憎。更使德國兵士與法國兵士之結合，愈較前此親密。余希望在我們軍隊方面，當可使其忿氣漸趨平靜；再加以嚴厲管束，勿使重蹈故轍。但在法國軍隊方面，則余卻沒有把握，甚為懷疑；蓋法國兵士性情，比較活潑易動，而且遠不如我們兵士之在長官手中，聽其約束，故也。（法國）將軍Voyron現欲禁止部下，前往英國租界之中。（其在英國方面）則將令Welsy Fuseliers兵士，少出外去。假如此種紅衣兵士，晚間跑到英國租界之外，余深恐彼等將為法國兵士所襲擊。吾人若就此次事變而論，亦可以看出聯軍撤回本國之期，實已不可再緩。

四日晨早，余曾參與法國兵士之葬儀，（德國）將軍Lessel亦在彼處。此外並派有德國代表列席。（法國）將軍Voyron甚為感動與感謝。十一鐘左右，余到車站。在白河右岸之上，列有一個法國中隊待余，以表彼等敬禮。余曾在Heil Dir im Siegerkranz（按此係戰前德國國歌）音樂之下，步行該隊陣線一周。因為各處地點皆成泥淖之故，余乃令德國軍隊排列車站附近一個相當的堅實地基之上；即在該處與彼等作別。至於車站之內，則列有印度日本中隊各一，以及一個義大利山兵隊。所有將校人等與法國軍官全體，皆在該處歡送。

（法國將軍）Voyron極為親熱；並用最誠懇之言致其謝意。彼謂吾等在此共同生活之期間，以及余待彼之個人與其部下（種種友誼）情形，誓將永不忘去云云。十一點三十分左右，開始出發。一點三十分左右，遂到塘沽。因為俄國軍隊亦駐該處之故，於是所有聯軍各國軍隊皆在站上列隊歡迎。當其我們行李搬上船去之時，碼頭上面曾有一個德國樂隊以及一個日本樂隊，（係由日本將軍Jamagutschi從北京方面遣送來此）大奏其樂，二點左右，離開海灣，站在岸上之兵士數百，以及泊在附近之Luchs船上水手若干，一齊大聲歡呼Hurra，而停在該處之戰艦，則開始大放禮砲。大沽海灣情形，又復可怕已極。塘沽港長甚至於對余駛往Hertha艦上之舉，加以勸阻。五點左右，余算僥倖達到艦上。十分滿意，將有幾天安閒日子可過。余曾給（余之副官）Wilberg下列一個題目，以作彼之冬日（消遣）工作：『試論此種無數禮軍禮砲，其影響及於人之性質將為何如』

五點三十分左右，拔錨開行。頃刻之間，中國海岸餘痕，逐漸離開吾之眼簾。余在該國居留及活動者，已有九月之久，此後吾眼當永不能再見該國矣。余若靜思在此所過之期間，則余當十分感謝上帝；上帝時常知余無病無災，並使余對於許多圖謀之事得如其意，對於重大不快之事得以避免。當余離開德國之際，前途本極茫茫，現在余則可以滿意而歸矣。

余常被國內方面詢問，余所寄回報告，何以如此之少。其在報界方面，更因其有權要求供給新聞之故，類於此種之責備，愈是不勝枚舉。但余卻在每次郵運出發之時，皆有報告寄與皇上；若欲再為多寄，其勢實有所不能。只有敬請報界方面，自派『新聞郵船』運送一法而已。此外余於拍電一事，更未嘗有所懈怠。最後一次由塘沽拍寄皇上之電，其號數為二五一。當一八七〇年（普法戰爭）之時，所接到者，常為：『巴黎方面，並無新聞。Podbielski』而余則幾乎每日皆有新聞寄上。現在竟有新聞記者出來主張，謂當時所供給之新聞消息，實遠較今日為多云云。

六月十一日之報告

（時在東京）

皇上陛下，余在五月十九日及二十五日所發之二三四號及二四二號電報中，曾敬謹條陳，對於上海駐防之德軍，宜將步兵數數目增加一倍，並添派一個山砲中隊加入其中。（關於加派山砲中隊一事，係由於上海附近，並無可以鋪載野砲軌距之道路之故）余甚引為榮幸者，即陛下對於此事業已加以允准，余之上此條陳也，曾經熟思再三，而且曾與陛下公使Mumm先生及海軍副提督Bendemann先行商議。

余固深知，英國方面似曾希望德軍全部撤退，今見此種增兵之舉，當然非所樂視。但余以為我們正於此中，可以得著指南，增兵之舉，實為必要。假如法日兩國軍隊繼續駐滬不去，——余料該兩國有意為此，——則我們與英國之關係，當無獨趨緊張之危；蓋因多數列強——余在此處擬將美俄兩國亦算在其中，——於此特向英國表示，長江流域應為萬國公開，故也。余以為將來和議完全竣事以後，英國撤去上海駐兵，則德國始可撤退駐滬軍隊。假如英國重兵（一旅之眾）獨留滬地，更加以該國逐漸增派之東亞海軍，則該國對於長江兩位督撫，極易行使操縱之權；蓋現在該國與該兩督固已嘗在親密接洽之中也。

在中國和議完全竣事及秩序稍微恢復以前，余以為德國重大海軍駐防東亞軍港一事，極有必要。此外常派幾隻戰艦泊在吳淞海灣及長江流域，甚為有益。至於德國巡洋艦隊減至四大艘一事，余認為實已縮到最少之數；究竟是否可以設法增至六大艘，則余只有冒昧敬祈陛下裁奪。

六月十二日之報告

（時在東京）

皇上陛下，余在五月二十七日所發二四四號電報之內，曾經條陳陛下，對於天津及其附近，應該長期置於國際管理之下一事，認為極有必要。現在敬祈陛下，准余對於此事理由，再行詳解一番；蓋余近聞大部分北京外交人士對於余之意見，加以反對，故也。余意以為，假如天津地方一日尚在六千聯軍佔領之下，則該處行政事宜，現以聯軍『臨時政府』Gouvernement provisoire名義行之者，則亦應一日不能裁撤。倘若此項（駐防）聯軍必須時仰中國官吏鼻息以為生，則事之可駭當未有過於此者。其結果勢將釀成無數爭端，而北京外交團實身負調解之責，平空添出許多工作；關於此種必然結果，在北京外交團方面，似乎至今尚未明瞭也。余之條陳，在原則上完全不錯，實可於下列兩事證之：其一，即聯軍各國司令無不一致贊成余之主張。其二，即一八九九年海牙會議，曾經規定，凡佔領敵地之後，其地之行政事宜，即當置於佔領軍隊監督之下，是也。因為由津至海之交通，對於列強極為重要之故，余曾詳細思維，乃於初冬之際，即將天津四圍遼闊地方，尤其是白河沿岸一直至於河口，皆置在『臨時政府』管理之下。余之此項處置，現在更足以證其不錯者，即在此地帶之內，計有兩個法國鐵路兵站，而且兵站司令部即設在白河岸上，此外聯軍各國之軍用倉庫亦在斯地；若不置於聯軍管理之下，則其勢將為華官勢力所左右。至於修濬白河一事，對於北京之安寧，天津之商業，皆有重要關係，余現在業已令其著手進行；倘若中國勢力一旦復占上風，則余此種計畫，立將歸於停滯，或者永無實現一日。余認為此項（修濬白河）問題，極為重要，據余之意，即此一事，實已具有設立『臨時政府』之價值。

據余細心觀察所得，北京外國團一部分人士之所以反對『臨時政府』者，乃係順從天津領事團之請求。天津領事團之領袖為法國總領事（Du Chaylard）其人甚為虛浮。該領事團之自矜其位，一如吾人常在外國各處所習見者。該領事團曾與『臨時政府』之人員，在交際場中發生衝突；其重要原因當然應在（互爭）等級位分關係中求之。其後因（該團）曾將此事上訴北京公使之故，遂得北京使團方面之容納。余與陛下公使Mumm先生，皆認為此類爭執，不宜過於看得太重。假如未到演成公開衝突之程度，則最好置之不問。至於雙方職務權限問題，本是並行而不悖；蓋領事團之活動範圍係在天津租界之內，而『臨時政府』之活動範圍則在天津華界之內，故也。因為雙方住所皆設在租界以內之故，所以互相衝突一事，當然容易發生。

至於英國公使Satow先生之所以反對『臨時政府』者，除開彼之充分官僚習慣弗政破例而行不計外，其原因當在該項『臨時政府』之主席，因位分關係之故，恰恰落在俄人手中；而且是落在一位最為英人所恨之（俄國）將軍Wojak手中。但就余之印象而論，該將軍卻是一位聰明而又有經驗之人，執行彼之主席任務，亦復極為得法。據聞該將軍在俄國方面，似已另有他用，（行將歸國；）果爾則此後主席一職另行推舉別國，固非困難之事也。

六月十四日之報告

（時在東京）

自從皇上陛下令余離開直隸，將余之聯軍統帥一職寬去以後，余現在不揣冒昧，將余在職期間所留下之印象若干，敬為陛下陳之。

（一）德國聲望之在東亞方面，現已大為升高，毫無疑義。同時英國聲望卻大為降下。至於英國聲威下落之原因，一則由於該國在直隸方面之行動，未免過於萎縮；二則由於該國欲得美日兩國寵愛之情，日益明顯增高，最為其餘各國所不齒。又中國方面因與俄國接壤數千公里遙遠之故，對於俄國雖然最為恐懼，但德國此次派遣如此重大海陸軍隊前往東亞，以及德軍各種有力行動，卻使中國得著特別深刻印象。蓋中國從此當知，德國不僅是能派重兵來此，而且是無論何時皆願應用全力對付。余以為只有德國軍隊之積極行動與中國當局之恐懼思想（相信無論何時皆有被人猛攻之可能）兩事，始令華人發生敬畏之心；此固吾人不必誇大其辭而可以直言不愧者也。又法國軍隊之行動，因其素受俄國影響早為華人熟知之故，所以亦復不能獲得華人敬畏之心。至於聯軍各國軍隊隸屬德國統帥一事，雖其中法美兩國僅在某種條件之下，然德國聲望之在東亞方面，畢竟大為增高；即在其餘世界各國之中，亦當引起幾分注意。關於德國企業慾望及資本運用兩事，將來當能在東亞方面充分利用陛下所闢此項最良機會。

（二）德國軍隊與其他聯軍各國軍隊共同生活，幾乎將達九月之久，以及由此互相認識；余深信對於德國聲望，實有益處。從前反對德國之種種成見，現在多已消滅。德國之能幹，而且——就大體而論，——優於他人，已為一般所公認；不過表示方法各有不同，大部分僅係間接表示佩服，但直接公然表示景仰者，亦不罕見。

其中最令人值得注意者，當為法軍方面。許多法國軍官與德國相處之日愈久，則相親之情愈增。彼等對於德軍之能幹，曾經公然表示承認。而且彼等並謂報仇思想在法國軍隊之中，現正日趨衰退，（再加以）此次在華共同生活之影響，其勢更將促其迅速消滅云云。倘若我們除開一些年紀較老之（法國軍官）先生不計外，則法國軍隊仇德恨德之說，實已不復存在。反之，法國軍隊方面，對於英國及其軍隊，既已恨入骨髓；同時法國軍官方面，對於俄國及其軍隊，亦無真正同情。

（三）德國遠征隊之組織，所有國內各聯邦無不按照其人口數目，派加其中。各邦軍隊之官長與兵卒，在遠征隊各部分中，聯成一體，相處一年，而且共同作戰，與敵周旋，對於全德民族一致精神之養成，不能無所影響。因此之故，派遣遠征隊於東亞一事，對於德國內部之進化，亦有良好效果。

（四）又派遣遠征隊於東亞一事，曾使陸海兩軍對於大批軍隊裝船手續一層，得著極富經驗。蓋此次裝運既極遼遠，起船又遇困難，故也。此外，陸軍方面對於武裝衣服糧食運輸等事，亦得著許多極有價值之經驗。蓋此次戰地情形，無謂天氣及土地方面，皆與歐洲戰場迥然不同也。當此我們殖民地政策前途蒸蒸日上之時，余相信此次海陸兩軍共同活動之東亞遠征隊，對於德國將來，發展，當有重大關係。至於數百陸軍仕官因其見聞閱歷不少之故，對於彼等智識，必將有所增進，余亦認為此次良好效果之一。

六月二十一日之報告

（時在長崎）

皇上陛下，余謹將余在日本逗留期間所得印象，報告如下。

自俄人佔領滿洲並準備久留該地以來，日本民意經此刺激，不安達於極點。余曾有機會，得與日本國務總理（桂太郎子爵）陸軍總長（兒玉男爵）各位高級軍官，前駐柏林公使Aoki伯爵等等久談；因而察得，彼等無不深覺，現正處於困難決定之際。刻下日本財政之困難，當為現在尚不能毅然決定之主要原因。但日人方面，固已深知，倘若坐待俄國西伯利亞鐵路完全開車之時，則對俄開戰之適當時機，不免從此錯過；於是不但中國勢將屈於俄國重大威力之下，而且日本亦復從此無力單獨向俄開戰。據現勢而論，假如只是日俄兩方對戰，他國不與其事，則日本實具有向俄宣戰之能力，此固一般有識日人自信不疑者也。近來日人對於（法國總長）Delcassé先生前往聖彼得堡一事，極度不安。蓋日人誤疑此君將在彼處，對於東亞問題，密結俄法同盟條約，故也。

自中日戰爭以來，日本對德之惡感，（譯者按，此係指三國干涉還遼之事）現在涉已改變。群謂當時因顧慮政治關係未易全然洞察之故，當然對於德國不能無所介懷；但其後情形大變，不復如此矣。所有日本各方，皆曾向余明言，報紙論文之中，亦復時常流露，大意無非表示日本方面，深信德國對日之友善態度；並且希望，倘若日俄開戰，德國當可保持中立云云。

余曾得機會，與東京俄使Iswolski先生久談。此君為人甚屬聰明。惟余在此有一事不能不特別提出者，即余從此位細心觀察之公使口中，發現一種極為憂愁之語氣辭意。彼曾向余云：若與日本老政治家周旋，尚能彼此相洽，但該國之新輩，則將近年勝利之事充滿腦中，日益增長不已；其中更有一部分竟自罹了誇大狂；此外並有一些日人，公然追尋黃種偉大前途之夢云云。

若專就純粹軍事方面而論，則余相信，假如日本果能籌得必須之款，現在確實完全可以使俄痛受鉅創；而且此項戰爭之結果，當大有影響於中國將來對俄之態度。除開日本海軍實力絕對超過俄國海軍不計外，余以為陸軍方面，日本亦係俄國之勁敵；而且日人具有巨大便利，即能在本國近旁作戰，是也。此外日本新製之野戰快砲，假如對於彈丸方面若干缺點，果能加以改善之後，則在砲隊方面，日本更有絕對勝過俄國之把握。

除了滿洲以外，高麗之前途，亦為日俄兩國間之重要問題。

日人之意以為日本高麗兩國，不僅是人種宗教兩事，彼此甚相接近，而且是地理經濟兩途，關係亦極密切云云；此種意見固亦有其相當理由，吾人不能加以否認者也。（近年）日本人口之大增，頗需國外大批糧食之供給；假如高麗方面許多未墾土地，皆為日本移民所墾，以為日本之用，則日人對於糧食供給問題之解決實以此為最捷之徑。

俄國方面對於日本佔領一部分高麗之事，雖或可以許可，但若日本果然完全吞併高麗，則俄國勢將決不承認。俄國之意，以為海參崴與旅順之間，必須有一安全堅穩之連絡路線，並以馬山浦一地（在高麗東南角上）為最適於建築巨大軍港之用。俄國圖謀馬山浦之心愈急，則日本反抗此舉之情亦烈。余從可靠方面聞知，倘若俄國果將馬山浦佔領設防，則日本即以宣戰作答。

若就兩方論點言之，皆各自有其理由，不能加以抹殺。因此之故，余遂覺得，若有一方希望此事速決，則其勢立可引入嚴重解決之途。據余之意，俄國軍港直對日本海岸一事確非日人所能安視容忍。反之，余卻相信，俄國方面倘若放棄海參崴旅順間之連絡，對於俄國之利益，並不必大大所損。因為赤塔、吉林、大連間（大連係在旅順東北四十五公里左右；至於旅順本身，則當專作軍港之用）鐵路之佔有，於是西伯利亞巨大鐵路之終點，遂直達中國海面。俄人更復努力籌集鉅資，欲將大連築成偉大商港，將來此港或將大為減削海參崴方面商業之勢力。

因為東亞方面，時局變化，在最近將來，甚為重要之故，余覺得東京方面，亦應按照現在北京之例，置一年長軍官，隨時觀察軍事情形變化；尚祈陛下准余謹將東京使館應設海軍隨員一位之議，恭呈陛下，以引陛下聖心注意。

六月二十二日之報告

（時在長崎）

余在中國每與俄人接談，彼等均謂中國業已完全瓦解，即在和議正式完竣以後，中國亦復不能安寧，勢將永陷混亂狀態之下云云。俄人此種眾口一辭之情形，尤其是自從（俄國）侯爵Uchtomski來到北京以後，使余特別感覺；因而余相信其中，必是曾經先行約定，同作此語；大約各種俄國機律依照此旨發言。

無一人，能夠對於中國之最近將來，以及此後前途，下一確當斷語。至於余之個人方面，卻不敢相信，中國業已到了逐漸瓦解之境。中國領土非常之大；中國人民屬於同一種族，幾乎全體相信同一宗教；而一般群眾，身心既極健全，指導又甚容易；（因此種種之故）實難迅速土崩瓦解。假如天為中國降一有力君主，其人既能根本剷除中國一般上流階級之腐敗情形，又能同時利用西方之文明，則中國前途正是未可限量。余甚至於相信，中國將來或當成為俄國一個最為危險之敵。

至於俄國之利益，在於得一虛弱中國為鄰，此固係當然之事（不待智者而知）因此彼雖對華極講口頭親善，（此種親善效果，在實際上只使中國土地日蹙月損而已）而其方針卻在努力保持中國虛弱現狀，或者更使此種虛弱程度愈為增加。又中國自身對於俄國方面確是最為害怕；假如中國不得他國之助，其勢亦必逐漸屈於俄國巨大威力之下無疑。

因此之故，假如他國果願參加壓迫中國之舉，實為俄國衷心所希望。余相信俄國方面正設法促使勾引法國，將其安南領域界線，再向北方進展。同樣，俄國亦極樂視德國擴充山東省內地盤。因為如此一來，則法德兩國勢將與英，甚或與美，發生爭端。法國併吞中國南部之事，頗為安南總督Doumer先生所熱心經營；但此事甚為法國軍事當局所反對。

余以為恢復中國安寧秩序，贊助中國經濟發展，實為德國之利。——關於此點，德國與英日美三國以及真正明達的法國之利益，完全相同。——所有上述各國，尤其是德國，皆欲在中國方面，為本國工業出品，覓得銷場，為本國商業航業，大謀其利；此外對於中國至今向未發現之豐富寶藏加以開發利用，實為各方之益。因此之故，上述各國之利害恰與俄國相反；蓋俄國所希望者係一個衰弱無力的情願服役的中國；反之，倘若中國經濟發達，尤其是政治興旺，實使俄國發生恐懼之心。

在各國中，對於中俄關係前途之進展，受其影響最多最早者，當然要推日本。現在俄國對於日本，當已不能不視為東亞方面之巨敵矣。因此，余以為德國政策（或者聯合英國而為之）似宜努力設法，暗中小心幫助日本；並向日本特別保證，假如日俄開戰，德當嚴守中立云云。倘若日本為俄所敗，則俄國東亞霸權從茲達到。反之，倘若日本打勝，則俄國勢將傾其全力用於該國極東邊境；蓋因該國東亞方面久費經營之全部勢力，業已陷於危險。故也。

至於東亞人士所夢想之黃種前途希望，即或此次俄國打敗之後，亦尚十分遼遠，現在實無加以詳細討論注意之必要。

此外，余認為甚可注意者，尚有一事，即東京方面曾經向余諮詢，倘若日本派遣軍事教官前往中國，則德國對此將取何種態度云云。余對此問，未曾加以回答，但余相信，此事已在北京方面討論，已成為會議談判中之題目。

六月二十四日

（時在Gera艦上）

皇上陛下，余不敢遺忘，繼續余之六月八日報告，（按此項報告內容，係瓦氏恭報離開北京及直隸之舉）再為恭奏如下。

六月八日三鐘左右，余偕中尉Boehn，少校Marschall男爵，正軍校Wilberg，中尉Eulenburg伯爵，衛士Nasser及Müller等等，行抵神戶港口，沿途平安無恙。當該船入口之後立即來到船上者，計有（日本）第十師長Kamamura男爵，Settfu總督Hattori，德國使館之中尉Ritter與譯官Thiel，在余營中充任名譽職務之（日本）少校Oba及Oi，以及德國領事Kiern。

晚間六鐘，余及登陸，在起岸之處，又有神戶總督及行政長官，率領無數該地有名紳士來接。此外神戶青年軍團及各種學校，皆排隊歡迎。該地行政長官前致祝辭，並恭呈神戶市民賀帖。當余往謁領事館及德國俱樂部片刻之後，隨即略覽神戶幾處名勝，然後復回Hertha艦上。

六月九日午前六鐘，余乃乘車前往京都。該車之上特為余與隨從人員，掛有花車二輛。余之隨從之中，除上述各位先生外，尚有（德國）艦長Derzewski在內，該艦長乃係由余邀請偕往日本者。在大坂車站，（日本）第四師長Ogawa男爵，與其參謀人員，特來賀余。在京都地方。因參觀許多有趣名勝之故，佔去鎮日時間。余並利用機會，置一花圈於攻取大沽砲台陣亡之（日本）艦長Hattori墓上。晚間八鐘，余復繼續旅行，前往東京而去；係於六月十日午前十一鐘左右，抵達該地。

在車站之上，前來歡迎者，計有（日本）第一師長伏見（Fuschimi）親王，總督，鐵路總監，行政長官，在余營中充任名譽職務之將軍Fukuschima與禮官伊東（Ito）其次則為陛下公使Arco伯爵，與其他公使館中各位先生，以及德國駐橫濱總領事Coates等等。此外車站內外，更有許多人眾，表示熱烈歡迎。余從車站乘坐宮車，前往Sohiba宮，該宮仍係指定為余及隨從人員駐節之所者。余到該宮之後，（日本）參謀總長大山元帥，陸軍總長兒玉男爵，高等禮官Sanomyia，立即前來拜謁。

六月十一日午前十一鐘三十分，余與隨從人員，得蒙皇帝皇后陛下賜見皇宮之內。晉謁之後，並繼以宴會。當其往謁之時，第一禁衛聯隊曾派禮兵中隊一個，列於宮外致敬。其後用宴之際，宮庭樂隊所奏者，幾乎全係德國調子。是日午後余曾往拜笪太子以及其他數人。晚間余赴太子嘉仁（Kanin）殿下之宴。

六月十二日午前，（日本）皇帝陛下曾賜恩准余參觀仕官學校及武備學堂。余由軍事教育總監Teraontsi中將及武備學堂總監Takagui少將引導參觀，其結果使余深悉該校之組織及辦理，何等完善。正午余赴（德使）Arco早餐之請。（日本）皇子Komatsu及嘉仁殿下，（日本）內閣大臣及高等官吏，大部分（各國）公使，均在座中。（日本）皇子Komatsu曾高呼（德皇）陛下萬歲，舉座之人，無不熱烈同聲相和。午後，德國使館之內，復設一花園大宴；其中曾有許多居留東京與橫濱之德僑及其夫人，被邀列席。晚間之赴（日本）陸軍總長兒玉男爵之宴；其間曾遇著許多能操德語之軍官，頗使人特別注目。該陸軍總長曾為（德皇）陛下三呼Hurra；余及高呼日本軍隊及陸軍總長萬歲以答之。蓋以日本軍隊因受陸軍總長之優良訓練，乃能如此精幹善戰，故也。

六月十三日午前，余赴（日本）皇后陛下特別招請，往謁貴胄女子學校。該校係在皇后陛下庇護之下，約有三百貴族女子，肄業其中；年齡係自五歲以至於十八歲。正午余赴（日本）皇子Komatsu殿下之早宴，該宴係設在彼之宮中。午後余赴紅十字醫院看視病臥該院之（日本）將軍Tamura，此君當為陛下在柏林方面素所熟習者。是日晚間，余到德國俱樂部之中；此處使余不勝欣喜者，即余覺得，此間德人之商業及生活，亦復何等優良卓越，是也。

六月十四日早晨，高等禮官Sanomyia奉（日本）皇帝陛下之命，贈余極有價值之禮物，一架屏風，兩個銅瓷瓶皆係日本美術優良作品。（德國）公使Arco伯爵復將分給余的隨員及衛士之徽章交余。午前十一點三十分，余曾忝叨榮幸，得向（日本）皇帝皇后陛下辭行，蒙其賜見。余及藉此機會，對於日皇屢次天恩，致其深深感謝之忱。晚間，（日本）參謀總長大山元帥復在帝國飯店設宴請余。大山元帥曾高呼（德皇）陛下萬歲；余乃致辭恭賀日本參謀部；余並將該部對德特別友善之關係，格外提出；然後再向參謀總長致其賀意。

六月十五日，乃往橫濱一遊，余在該處備受德國俱樂部之歡迎；並在德國總領事Coates處早餐。

星期六（六月十五日）日本皇帝陛下曾賜天恩，准余得在Schiba宮內設宴請客，共計發出請帖四十二張。列席之人，計有：（日本）皇子Komatsu及嘉仁，國務總理桂太郎，外交及內務總長（小村及內海）元師Saigo及大山，陸軍總長及海軍總長山本高等禮官Sanomyia，以及其他顯爵。（日本）皇子Komatsu殿下曾高呼（德皇）陛下萬歲；余乃忝叨榮幸，大呼日本皇帝陛下萬歲以報之。余在此處更欲再為提及者，即（日本）皇帝陛下之天恩，使余何等深深感動，是也。經過此次宴會之後，余之官式勾留日本一事，既告結束，乃於六月十六日前往日光；（按此處係日本名勝之地，距東京四點半鐘火車之遙）並在該地勾留，直至六月十八日上午。

六月十八日正午，余復到東京；在車站之上，又受在余營中充任名譽職務之各位（日本）先生，以及（德使）Arco伯爵之迎接。余在使館早餐之後，即赴車站而去。該站之上，並有（日本）參謀總長，陸長總長，以及其他高級官吏，前來作別。晚間六點三十分，余乃續往神戶；復蒙（日本）宮內省之優待，為余掛臥車一輛。在余之隨從人員內，隨余營中效力之（日本）少校Oi及Oba兩人，亦在其間；此外（德使）Arco伯爵及艦長Gühler，亦復同行。

六月十九日午前十一鐘，余抵神戶。復在該處車站，備受總督Hattori以及官廳之迎接。出站之後，一直乘車前往市政廳。凡余所經街道，皆有青年軍團，列隊於旁，見余車來，則舉槍致敬。在市政廳之中，余復承贈銀缽一個，以作余勾留日本之紀念；所有神戶著名紳士及全體外國僑民，對於此項贈品，皆曾參有分子在內；至於呈授該項贈品以及代表發言之人，則為日本商會會長山本。

是日早餐，係受德國俱樂部Concordia之請。列席者除余及公使以外，尚有該地代表，總督，以及他國僑民數人。恭賀（吾皇）陛下與日皇（陛下）之時，舉座無不熱烈同聲相和。

午後三鐘左右，余到Hertha艦上，及與Arco伯爵及（日本）各位名譽職員先生相別。三點三十分，Hertha艦遂向內海駛行。

最後，余尚有一事恭奏吾皇者，即余旅日期間之內，凡有所遇，無不十分禮貌，特別殷勤；每日皆有皇恩厚遇下及；從皇帝陛下直到各部長官，甚至於居民之間，皆令人覺得，彼等對於余之遊日，極為欣慰不已。而且每人皆欲直向吾身以表示間接尊崇陛下之意，並將其傾向之情，特別表出。

八月五日德皇致瓦氏之函

（時德皇正在太后病榻之側，後數日太后即行逝世）

致余之侍從武官長，大元帥，瓦德西伯爵。

使余最為心痛惋惜者，即余久懷（待君一旦歸國）定將親致問候之意，今竟不能實行；因為現在正值閣下——去國行將一載，曾在東亞方面獲得勝利成功，但同時亦復身經戰爭，憂慮不少之後，——重履德國故鄉之時也。請君確信自己萬事皆可稱為模範之已往軍事成績，既不自利，又喜犧牲，甘願立在中國戰役之前鋒。閣下曾以聰慧天資，見事深透，手段敏妙，遇事沉毅，共能忠實對待閣下所領為宗教文化而戰之各國軍隊，得將所負重大艱難之責任，辦理極為妥洽；對於祖國以及文明世界，實算一種勞績，此種勞績在近代史中，定將永遠不忘。余以極熱之皇帝謝忱，歡迎閣下回國。余將時常憶念閣下及軍隊，如果忠實情願以聽余之（君等最高軍事主宰之）命令。閣下與其部下軍隊，關於余對閣下之信賴，真是何等十分無愧。

一九〇一年八月五日自Friedrichshof。

威廉

一九〇一年十一月二十三日之報告

（時在Haunover）

皇上陛下，余對於巴黎『晨報』Le Matin十月二十七日所發表的中國遠征期內（法國）將軍Voyron至余之函件，相信頗有略加解釋，上奏吾皇之必要。

余之意見，固然以為此項函件之發表，當非Voyron將軍本人主動，乃是由於法國政府指使，或者至少係得法國政府同意，而由接近政府之人士所發表；因此項人士現正努力對於國內一部分狹義愛國及天主教徒人民方思有所順迎其意，故也。但是無論此事之發動情形如何，而實際上此項函件足以引起德國社會方面對於余之（由陛下議設之）統帥地位，加以誤會。因為不明反對黨在報紙上及國會中的行動之故，此項函件最易成為惡意攻擊陛下政府之把柄，以及對余個人加以譏評之資料。

因此之故，余現在謹將有關茲事之軍令等等，以及回答此項軍令之函件，——按即『晨報』上所發表者，——恭呈陛下，並且敬加解釋。

因為Voyron將軍不在余指揮之下的原故，所以余極細心對待，勿使彼發怨言，謂余曾有干涉彼的權限之心云云。凡有關於共同作戰之事，余皆先行與彼口頭或書面商定。此外，余對於其他各國軍隊所下之命令，亦嘗將其內容通知彼與美國將軍Chaffee兩人。蓋法美兩國軍隊既不在余指揮之下，對於此項命令，當然特別注意，故也。彼等接到此項通知之後，亦復時常覆信感謝，證明收到。此種辦法，確係妥當；因該兩將軍從未對於余之調度情形，加以埋怨，故也。但在他方面，余又不能不對麾下所屬各國軍隊之權利，加以庇護；對於法人所提之保護權要求，（譯者按，如法人要求保定獨歸法軍保護之類）加以拒絕。

至於余個人與法美兩將軍之關係，卻自始至終，皆極相洽。而且彼等對於余之建議亦有多次極表贊成。只是對於（法國）將軍Voyron方面，往往不免發生困難，蓋該將軍之當面口頭約定，每每與其後來宣言內容，不盡符合，故也。因此，普通揣測，（一如余在一九〇〇年十月五日二〇三九號報告中，曾經上奏陛下者）以為Voyron將軍之參謀長（Cluzcau）常在其旁監督彼之行動；所有彼之良好意見，每被該參謀長引證法國政府命令與意向，時常暗中加以破壞。

該項致余之函件，當然亦係出自此君（指該參謀長而言）手筆；而且或者握筆之時，即已預備

公布社會之用。至於當時余對此類函件之回答，當然僅以有益於事者為限，（固不能一一加以答覆）

在實際上，Voyron將軍曾屢次向余個人以及（余之參謀長）Schwarzhoff將軍，言曰：倘若彼能隸余指揮之下，一如其他各國軍隊（司令）將軍，則在事實上確較有益；即據彼個人之老兵經驗資格而論，亦寧願歸余調遣云云。此外彼又時常求余，若有規模較大之攻取行動，勿使法國軍隊落後云云。以是之故，乃有共同攻取保定之舉，以及（法國）將軍Bailloud擔任由津出發的聯軍縱隊司令一職之事；（該縱隊係由德英法義四國軍隊所組成）但該司令行抵（保定）城外之時，又歸由京帶軍前來之（英國）將軍Gaselee節制。以是之故，其後復有各國軍隊擔任分防北京天津保定附近各地之舉，以及保定南面法軍前進護余左翼之事。

至於余之下令干涉懸旗一事，實因當時余對於各國軍隊，尤其是法國軍隊，以及中國居民之濫行懸旗達到極點，故不得不加以干涉。在各國軍隊方面，係以為將旗懸在城門或莊舍，當可由此多得駐紮之所。在中國居民方面，則以為懸上某國國旗，當可得著某國保護；其選擇旗幟標準，當然係以最有利益者為先；通常則係彼等若如某國軍隊正向該處前來，遂選懸某國國旗。當其聯軍往取保定之時，曾有許多法國天主教牧師隨營前往，以便復回彼等舊居；而且其中一部分更往往身先軍隊而行，彼等隨帶大批法國國旗，分散各處城鄉；因此之故，各國軍隊每當行近城鄉之時，即已見有法國國旗臨風飄揚，無不十分驚訝之至。

如果Voyron將軍自謂，中國居民對於法國軍隊，特別表示同情云云。則此項言論只算是法人虛浮自負（習性）之一種產品而已。中國官廳對於法軍不守紀律，槍掠劫取，尤其是強姦婦女之怨訴，時常不絕的來余耳中。至於各國軍隊確是無不對余感謝，實行干涉濫懸旗幟之事；即Voyron將軍於其函中，對於此種濫懸旗幟之事，固亦自行承認者也。倘若當時對於彼之長篇函件，詳細答辯，則其結果只是引出許多筆墨（官司）實以避免為善。（更因預防各國軍隊互相衝突以及保護安分中國居民之故）於是余乃建議組織一種國際委員會，以管理北京。

從此項文件中，當可充分看出，余當時並未有意利用『預擬任命一位將軍以作該項委員會主席』之機會，直將該委員會作為余之附屬機關，管理全部北京警政事宜，由此以使各國軍隊司令之警察權限受其限制。不過就當時北京情形而論，余以為無論為聯軍各國軍隊利益計，或為此種百萬人口大城之居民利益計，均應設置一個『常駐國際委員會』規定若干各國共同遵守之原則，以處理一切公共問題。至於該項委員會所辦之事，只限於『公共安寧秩序事宜，衛生及軍隊給養事宜，人民糧食問題，籌款以作此項開銷問題。』一如當時通告書中業已詳言者也。

（余之參謀長）Schwarzhoff將軍，曾奉余命，將余條陳，先與（法國）Voyron將軍及（美國）Chaffee將軍兩人接洽。既經接洽之後，余遂亦相信，該兩將軍對於余之條陳，當能加以同意。因而余在十二月三日，特備公函，連同該項通告書，一併咨送該兩將軍，請其正式發表同意宣言云云。其後Chaffee將軍遂直接宣告美國軍隊加入該項委員會合作。而在Voyron方面，則於十二月六日，作函備述彼之種種異議；其中彼甚引為憂慮者，即如果任命一位德國將軍以作該項委員會主席，則德國勢將處於優勢地位，是也。後來Schwarzhoff將軍又復再向Voyron將軍詳細解釋，該項機關必須組織之理由，與其毫無政治意味之關係；但其結果，終不能使Voyron將軍對於彼所懸想之本國政府命令，換言之，即是對於『德國將軍』為主席一事，以及巴黎方面勢將由此引起疑慮等等，一旦去懷。因此之故，如果欲使Voyron將軍轉圜，則只有一法，即余對於身在統帥地位勢所不能避免之任命委員會主席一事，加以放棄，是也。但余在此，固不僅是代表德國一國，同時更須代表隸余麾下之各國軍隊，因此不能（隨便）放棄上述職權。而且余以為再與Voyron將軍繼續辯論，實無目的之可言。

因此之故，管理北京委員會之組成，並無法國軍隊代表在內。其結果該委員會之條例及議決，對於法軍佔領之市區，——只是一個狹小之地，——當然不發生效力。但其後該委員會對於軍隊及居民幸福之增進，不久即大顯成效，即在華人方面亦復屢次公然承認；此種幸福更因相形之下特別令人感覺者，即其時法國區域之內，永是一種最污濁最黑暗最不安寧之世界，為人人所欲避行，是也。在此種關係之下，因而該委員會對於各種議決及設備，亦復不願通知Voyron將軍。又該將軍在十二月六日函中，雖曾特別聲明，對於一切財政稅收問題，決不願受該項國際委員會之束縛云云，但該將軍卻不怕羞，竟於二月之內，屢次向余呈請，轉飭該委員會，准彼分潤該會存款云云。蓋此項存款乃係北京城方面繳與該委員會以作開銷者也。余因避免嫌疑，勿使Voyron將軍誤疑余的個人勢力，影響該會議決之故，乃將此項呈請，直接交由該委員會自行辦理。其結果該委員會對於該將軍之請求，當然加以拒絕。

此外『晨報』所公布之第三封信，其發出日期為十二月三十日，乃係關於庇護中國教徒問題之來往文件。

在保定府方面，法國牧師Dumont曾特別努力，搜集中國教徒控告德國兵士之訴訟，以便送交法國將軍Bailloud。（德國）將軍Kettler當時方在保定指揮德軍，乃向彼之法國同事（Bailloud將軍）請求，轉飭Dumont牧師，凡有控告德國兵士之訴訟，宜直接呈交德國機關辦理云云。其後Bailloud將軍回信，乃不能不自承，彼因實行Voyron將軍所下訓令之故，曾通諭保定附近全體中國教徒，所有彼等利益，專由法國軍事機關庇護云云。於是Kettler將軍乃將此情稟余。余遂立刻電命Kettler將軍，拒絕法國方面（關於此項訟案）之居中媒介。此外余之致函Voyron將軍，略謂此種辦法實與聯軍彼此平等之原則不合；其中當係由於誤會所致。甚望將此誤會從速掃除，並將解決此事之訓令見示云云。未幾，余遂接得十月三十日一函，是即『晨報』上所公布者；該函之內曾經保證聲明，無論Voyron或Bailloud將軍，皆未存心破壞聯軍彼此完全平等的權利云云。

對於Voyron將軍之高談數百年來法國保護天主教會之遺習種種政論，余則故意置之不問，以保持余之純粹軍事地位與純粹軍事要求。只要余之要求業已辦到，余即心滿意足；在實際上，此項要求亦已果然辦到。不僅是依照余之請求，Favier主教特將Dumont牧師直從保定召回；而且是Bailloud與Kettler兩將軍之間，對余所立彼此對等原則，立刻完全依照，彼此和衷共濟，不再發生障礙。

當保定府十月二十日由聯軍佔領之時，Bailloud將軍曾在行將佔領之前為滿足法國庇護慾起見，提出該城全歸法國庇護之要求。後因當時正駐該處之（德國）將軍Gayl男爵的緊急抗議，於是其時指揮該地聯軍之（英國）將軍Gaselee，乃將法國請求不僅是嚴重駁回，而且任命了一位德國軍官（Wyneken少校）為警察總監；在彼之下另由參與該處軍事之四國（英法義德）各置副監一人。（請參閱一九〇〇年十月二十六日二〇七九號之直接報告）又當時保定方面之國際法庭，係為審判殘殺教徒最有關係之中國官吏等等而設。亦因德國方面要求的原故，Bailloud將軍之被Gaselee將軍委充斯職，曾經附以下列條件，即由該庭所下之判決，須受余之核准方可是也。因為爭執之事，既由Kettler與Bailloud兩位將軍之互相辯論，迅速直捷了結；所以余對於Voyron將軍不合事理之報告，所謂：『十月二十日保定城前高級軍官會議之中，Bailloud將軍舉動並未被駁云云』不復再行加以討論；蓋已與事實無關，故也。

至於法國（所謂）傳統的直隸天主教徒保護權，其中有須特別註明者，即Voyron將軍在北京方面行使此項保護權限，實際上僅限於彼所佔領之市區內面，而且已在北塘法國天主教會解圍之後。蓋北塘法國天主教會飽受拳民壓迫與圍困，直到北京攻下兩日之後，始由日本軍隊（並非法國軍隊）將其解救。此外法軍方面對於北京西北及正北兩邊，以至於蒙古界內之許多天主教會，亦未加以絲毫保護。直到（德國上校）Yorck（伯爵）統率縱隊往攻張家口，與（德國）將軍Gayl男爵復將軍隊由該處開回，以及（德國）中尉Pavel與（德國）將軍Trotha之出征，再加以（德國）Kirsten與Kummer兩位中尉之神妙騎巡，等等，始將上述各地天主教會，置於安全之下。而且保護之周，嘗為Favier與Jarlin兩位主教所深感不已。又該兩主教對於法軍之保護不周，時常致其十分不滿之意。

最後，余尚有不能不再為恭謹上奏者，即是雖有上述（法國方面公布之）函件，而德法兩國軍隊之間，相處卻頗融洽。（至於該項函件不過證明法國與我們之間，並不十分親密，——報仇思想，並未完全忘去——而已）所有德法兩軍官長與兵卒，皆未嘗發生衝突一次。不但未嘗衝突而已，並且兩軍兵卒之間，時常互相訂交；官長之間，極為互相敬讓；其在小部駐防之處，（如楊村及山海關之類）兩軍官長甚至於極相友愛。曾有許多法國軍官向余言曰：彼等極願在余指揮之下，開向敵陣而去云云。當余行將啟程之前，天津方面英法兩軍之間，曾發生衝突一次，頗帶嚴重性質之象。（法國）將軍Voyron嘗乞余從中調停；並謂余曰：『君之威望如此隆重，無論何人對於君之裁斷，皆將聽命服從云云』當六月二日天津分手之際，該將軍特別對余感謝在此遠征期內余（待法軍）之忠實無偏態度；彼並特別聲言，余之此種態度，極為彼之（在華）同胞所心感不已。

Do人物36 PC0504

八國聯軍統帥

——瓦德西拳亂筆記

原　　著／Alfred Graf Von Waldersee

譯　　者／王光祈

主　　編／蔡登山

責任編輯／李書豪

圖文排版／楊家齊

封面設計／蔡瑋筠

出版策劃／獨立作家

發 行 人／宋政坤

法律顧問／毛國樑　律師

製作發行／秀威資訊科技股份有限公司

地址：114 台北市內湖區瑞光路76巷65號1樓

電話：+886-2-2796-3638　傳真：+886-2-2796-1377

服務信箱：service@showwe.com.tw

展售門市／國家書店【松江門市】

地址：104 台北市中山區松江路209號1樓

電話：+886-2-2518-0207　傳真：+886-2-2518-0778

網路訂購／秀威網路書店：https://store.showwe.tw

國家網路書店：https://www.govbooks.com.tw

出版日期／2015年9月　BOD一版　定價／270元

|獨立|作家|
Independent Author

寫自己的故事，唱自己的歌

八國聯軍統帥：瓦德西拳亂筆記 / Alfred Graf Von Waldersee原著；王光祈譯. -- 一版. -- 臺北市：獨立作家, 2015.09

面；　公分. -- (Do人物)

BOD版

ISBN 978-986-5729-91-2(平裝)

1. 八國聯軍 2. 義和團事變

627.88　　104011992

國家圖書館出版品預行編目

讀者回函卡

感謝您購買本書，為提升服務品質，請填妥以下資料，將讀者回函卡直接寄回或傳真本公司，收到您的寶貴意見後，我們會收藏記錄及檢討，謝謝！如您需要了解本公司最新出版書目、購書優惠或企劃活動，歡迎您上網查詢或下載相關資料：http:// www.showwe.com.tw

您購買的書名：________________________________

出生日期：________年________月________日

學歷：□高中（含）以下　□大專　□研究所（含）以上

職業：□製造業　□金融業　□資訊業　□軍警　□傳播業　□自由業

□服務業　□公務員　□教職　□學生　□家管　□其它_____

購書地點：□網路書店　□實體書店　□書展　□郵購　□贈閱　□其他

您從何得知本書的消息？

□網路書店　□實體書店　□網路搜尋　□電子報　□書訊　□雜誌

□傳播媒體　□親友推薦　□網站推薦　□部落格　□其他__________

您對本書的評價：（請填代號　1.非常滿意　2.滿意　3.尚可　4.再改進）

封面設計____　版面編排____　內容____　文／譯筆____　價格____

讀完書後您覺得：

□很有收穫　□有收穫　□收穫不多　□沒收穫

對我們的建議：________________________________

____

____

____

請貼
郵票

11466
台北市內湖區瑞光路 76 巷 65 號 1 樓
獨立作家讀者服務部　　　收

（請沿線對折寄回，謝謝！）

姓　　名：＿＿＿＿＿＿＿＿　年齡：＿＿＿＿　性別：□女　□男

郵遞區號：□□□□□

地　　址：＿＿＿＿＿＿＿＿＿＿＿＿＿＿＿＿

聯絡電話：(日) ＿＿＿＿＿＿＿＿ (夜) ＿＿＿＿＿＿＿＿

E-mail：＿＿＿＿＿＿＿＿＿＿＿＿＿＿＿＿